위대한 실패

위대한 실패

내가 끝장난 자리에서 만나는 예수의 십자가 | 이현수

규장

To my beloved mother

사랑하는 어머니께 드립니다

추천사

한국 개신교의 역사도 꽤 흘렀습니다.

그동안 우리의 영웅들은 교회 성장의 신화를 남긴 이들이었습니다.

성공이 모든 것을 결정하는 시대가 그것을 지지하였습니다.

그러나 갑자기 한국교회의 기상도는 변화되었습니다.

소위 우리는 성장의 역기능이라는 쓴 열매를 직면한 것입니다.

그리고 우리는 성공의 신화를 다시 반성하기에 이르렀습니다.

오히려 실패의 진정한 의미를 묻기에 이르렀습니다.

우리가 실패라고 규정했던 것들의 가치를

다시 돌아보게 된 것입니다.

그런 의미에서 이현수 목사님의 이 책은 시기적절한 것입니다.

누군가에 의해 한국교회의 마당에 던져졌어야 할 고백록이었습니다.

이런 책을 펴낼 용기를 낸 저자에게 오히려 격려를 보내고 싶습니다.

그의 이야기는 바로 우리의 이야기요,

우리의 반성문이기 때문입니다.

우리가 만일 이 책을 정죄의 시선이 아닌 고백의 시선으로 읽는다면

한국교회의 지도자들과 성도들은 많은 유익을 얻게 될 것입니다.

그리고 미래를 향한 진솔한 성찰의 지혜를 공유하게 될 것입니다.

지금 한국교회의 마당에는 두 가지 관점이 대립하고 있습니다.

하나는 지금까지의 성공주의를 비판하는 싸늘한 정죄의 관점이고

또 하나는 우리의 실패를 방어하기 위한

교권적 자기 의의 관점입니다.

그러나 정말 지금 우리에게 필요한 것은 고백적 시선의 관점입니다.

그리고 이런 고백을 따뜻하게 끌어안는 회복의 끌어안음이라고

믿습니다. 이현수 목사님과 또 다른 수많은 제2, 제3의 Jesse저자의

영어 이름들이 재기할 때 한국교회는 21세기의 부흥을 기대하고 기도

할 자격이 있습니다.

이런 부흥을 사모하는 모든 동역자들에게 이 책의 일독을 권합니다.

함께 회복의 증인이 되고픈, 이동원 목사(지구촌교회 원로목사)

저자는 내가 영적인 아들처럼 여기는 귀한 형제요,
15년이 넘도록 한결같이 모든 기쁨과 슬픔의 순간들을
함께 나눈 친구이기도 합니다.
저자는 예리한 통찰력으로 십자가의 도를 전하는 성경학자입니다.
특별히 이 책에 증거된 복음의 메시지를 통해
참된 인생의 의미를 찾아 헤매는 수많은 실패한 영혼들에게
해답과 소망을 불어넣어 주리라 믿어 의심치 않습니다.
복음과 구원을 갈망하는 구도자들에게 이 책을 적극 추천하며,
하루 속히 영어판으로도 출간되기를 기대해 봅니다!

폴 리서 박사(미국 포스퀘어Foursquare 교단 증경 총회장)

서문

2004년 뉴욕 존 F. 케네디 국제공항에서 비행기를 기다리다가, 《The Joy of Failure실패의 기쁨》라는 책을 산 적이 있다. 물론 그 당시는 한창 '잘나갈 때'여서 실패라는 단어 자체가 나의 사전에 없었던 시절이라 책의 제목만 눈에 띄었을 뿐, 큰 관심은 없었다.

그때 미주지역 일간지에서는 나에 대해 "교계에 혜성같이 나타난 차세대 지도자"라는 기사들을 연달아 내보냈고, 주위에 수많은 추종자들이 몰려들어 팬클럽이 생길 정도였다. 광고를 낸 적도 없는데 어디서 소문을 듣고 왔는지 재능 있는 인재들이 대거 사역에 합류했고, 든든한 재력가들과 미국 교단은 20억이 넘는 돈을 투자해서 교회개척과 사역을 전적으로 밀어줬다. 나는 문자 그대로 기고만장해졌다. 마치 호랑이가 날개를 단 듯한 기분이었다.

그때는 무엇이든지 할 수 있을 것 같았다. 실제로 손을 대기만 해도 일이 척척 잘 진행되었다. 교회를 시작한 지 2년 만에 미주지역 이민 교회사의 모든 기록을 깨고, 2,000명이 모이는 대형교회로 급성장했다. LA 한복판 비행기가 내릴 만큼 넓은 대지에 1,500명이 앉을 수 있는 예배당과 2세들을 위한 비전센터가 설계되었으며, 당시 미국 '이머징교회운동'Emerging Church Movement의 신화적인 존재로 불리던 LA 모자이크교회 어윈 맥매너스 목사와 공동사역을 하면서, 다민족 청년들과 어울려 환상적인 목회를 하게 되었다. 나는 이 세상에서 제일 '행복'하고 '멋진' 교회를 목회하고 있다고 자부했다. 완전 자기도취에 빠져서 교회 표어를 "Come and Enjoy God!" 즉 다 필요 없고, 그냥 "오셔서 하나님을 즐기세요!"라고 할 정도였으니 얼마나 오만방자했는지 대강 짐작이 갈 것이다.

사역의 전성기였던 2005년에는 꿈에 그리던 미국 주류사회 공략과 영어권 복음화라는 비전이 코앞까지 와서 손에 잡힐 듯했다. 진정 아메리칸 드림이 있다면 이런 것을 두고 하는 말이라는 생각이 들 정도였다. 하지만 나는 그러한 성공에 대한 야망과 자아의 욕구를 "2세들을 위한 교회"라는 그럴싸한 비전으로 포장하고 "오직 복음"이라는 멋진 표어로 가린 채, "나는 십자가와 복음만 전하는 참 말씀의 선포자입니다. 나는 다른 목사들과는 차원이 다른 차별화된 영적인 사람입니다"라는 식으로 은근히 자신을 과시하고 있었고, 또한 스스로도 그렇게 믿고 있었다.

두려운 것도 눈에 뵈는 것도 없었다. 수없는 집회 요청에도 바쁘다는 핑계로 일체 사절했고, 한국의 대형교회에서 러브콜이 와도 "여기서도 '목사님 말씀 없으면 못 살아요!'라는 추종자들이 부지기수인데, 거기를 왜 가?" 하면서 일언지하에 거절했다. 전 세계에 3만 교회가 속해 있는 미국 포스퀘어Foursquare 교단의 지도자Cabinet Member 중 하나로 임명되었고, 교단 총회장님의 총애를 받아 그분의 양아들까지 되었다. 사면팔방에서 설교와 목회를 배우기 위해 사역자들이 몰려들었다. 사람들의 선망의 대상이 되자 모든 사람들이 나를 다 사랑한다는 착각에 빠졌다.

그러나 누가 상상이나 했겠는가. 10년이 지난 오늘날 내가 실패에 대한 책을 쓰게 될 줄이야! 높이 올라가면 올라갈수록 또 크게 성공하면 할수록, 바닥을 치고 곤두박질을 할 때에는 더 급격히 추락하고, 와장창 박살이 난다. 아무리 10년이면 강산이 변한다 해도 그렇지, 불과 10년 만에 나는 모든 것을 다 잃어버리고 말았다.

가정도 사역도 재산도 건강도 한순간에 바람과 함께 사라지듯이, 다 날아가버렸다. 지금 내 주위에는 단 한 사람의 추종자도 남아 있지 않다. 주위를 돌아봐도 아무도 없다. 전에도 그랬지만, 지금은 더더구나 아무 연락도 오지 않는다. 가진 것도 일전 한 푼 없는, 완전 무소유에 알거지 신세가 되어버리고 말았다.

정말 문자 그대로 'Epic Fail' 완전히 쫄딱 망한 것이다! 전에는 할 말이 많았다. 또한 무엇이든지 장담할 수 있었다. 하지만 지금은

"나는 실패했습니다. 나는 실패자입니다. 나는 아무것도 아닙니다"
라는 말 외에는 할 말이 없다.

이 책에는 성공을 위한 어떤 비결이나 비밀이 숨겨져 있지 않다.
또한 자기계발을 위한 어떠한 지식이나 방법론How to을 제공하지 않
는다. 그렇다고 "실패는 성공의 어머니입니다"라는 식으로, 실패를
디딤돌로 삼아 성공과 재기를 꿈꾸는 사람들을 위한 책도 아니다.
또한 단순히 실패자들을 위로하고 그들에게 긍정적인 사고관이나
용기를 불어넣기 위한 책도 아니다.

이 책은 단순히 실패, 그 자체에 대한 책이다. 또한 실패한 사람이
실패한 사람들을 위해 쓴 책이다. 실패를 통해 '나'라는 '존재적인 죄
인'과 추악한 자아의 실체를 발견하는 책이다. 그리고 그 자아를 십
자가에 못 박아 죽이는 책이다.

이 책의 목적은 참 인생의 도道와 진리眞理를 깨닫게 하는 데 있다.
즉 실패를 통해 '십자가의 도'를 깨닫게 하려는 데 있다. 또한 그 십
자가의 진리로 말미암아 예수님을 만나 영생에 이르는 구원을 얻게
하는 데 있다.

진리는 불편하다!

진리는 내가 생각하는 것보다 훨씬 더 잔혹하고 참담하다!

진리는 나의 자존심과 '나'라는 존재Being와 인격 전부를 무너트리고,
산산조각 내버릴 수 있다!

진리는 고통스럽다!

그러나 십자가의 도를 깨닫고, 진리 앞에 서기 위해, 우리는 그 고통을 감수해야 한다. 진리 앞에 우리의 있는 모습 그대로 나와야 한다.

예수께서 말씀하신다.

"진리가 너희를 자유롭게 하리라"(요 8:32).

그 전에 먼저 하신 말씀이 있다.

"진리를 알지니…."

이 말씀 바로 앞 구절에서는 이렇게 말씀하신다.

"너희가 내 말에 거하면 …."

그러므로 우리는 진리로 자유케 되기 전에 먼저 진리를 알아야 하고, 진리를 알기 전에 진리의 말씀, 즉 '십자가의 도'를 들어야 한다. 사람들은 다 진리를 알기 원한다. 그러나 다 진리를 받아들이는 것은 아니다. 진리는 받아들이기 힘들다! 당신은 진리를 받아들일 마음의 준비가 되어 있는가?

이 책은 진실에서 하나도 가감하거나 미화하지 않고, 인간의 연약한 본질, 죄, 실수, 번뇌, 고통 그리고 참담한 실패를 있는 그대로 다 드러내며 폭로한다. 구성은 총 4부로 되어 있는데, 1부에서 실패의 의미와 그 요인들을 추적할 것이다. 2부에서는 실패에 대한 사연들을 나누고, 3부에서는 실패의 결과와 그 여파로 말미암아 파생된 문제들을 다룰 것이다. 마지막으로 4부에서는 실패의 목적과 축복에 대한 내용들을 다루게 될 것이다.

박경리 선생님의 〈사마천〉이라는 시가 있다.

그대는 사랑의 기억도 없을 것이다
긴 낮 긴 밤을
멀미같이 시간을 앓았을 것이다
천형天刑 때문에 홀로 앉아
글을 썼던 사람
육체를 거세당하고
인생을 거세당하고
엉덩이 하나 놓을 자리 의지하며
그대는 진실을 기록하려 했는가

대실패를 체험한 후 두문불출하며, 천추의 한을 품고 역사적인 대
작을 저술했던 사마천처럼, 나는 겨우 엉덩이 하나 놓을 만한 2평짜
리 캠핑카에서 이 책을 썼다.

길고 긴 '영혼의 어두운 밤'을 지나는 동안, 사랑과 기도로 함께해
주신 '복음기도동맹'에 속한 믿음의 동지들과 순회선교단, 문화행동
아트리 그리고 천보산민족기도원 식구들에게 감사와 사랑의 마음
을 전하고 싶다. 그리고 가장 어려웠던 기간 중, 끝까지 변치 않는
사랑과 도움의 손길로 은혜를 베풀어주신 하와이와 LA에 있는 믿
음의 권속들, 40여 년 만에 돌아간 낯선 고국에서 손과 발이 되어주

시고 무조건적인 사랑으로 섬겨주신 김은임 목사님, 조한범 목사님, 유경남 전도사님, 홍경아 자매님 그리고 송도 은혜와사랑교회 성도 한 분 한 분께 특별한 사랑과 감사의 마음을 전한다. 또한 규장 출판사의 여진구 대표님을 비롯한 편집 2팀에게 감사의 마음을 전한다! Last but not least, thank you mom, Randy, Lean, Sunny, Peter, Jin Kyung, Dr. & Mrs. Risser, Pastor Louis and Anna for loving me, believing in me and standing by me all the way!

마지막으로 이 책은 성경과 기독교적인 진리를 근거로 썼다. 그러나 비기독교인도 쉽게 읽을 수 있도록, 어려운 종교적인 용어나 어휘를 사용하지 않고, 되도록 쉬운 말로 저술하도록 노력했다. 책 가운데 인용된 성경 구절도 공동번역, 새번역 그리고 현대인의 성경 등 주로 읽기 쉬운 번역을 사용하거나 말씀의 의미를 강조하기 위해, 저자가 스스로 번역한 '증폭된 의역'Amplified Paraphrase을 사용하기도 했다. 또한 글의 흐름이 끊어지지 않게 하기 위해, 대부분의 인용문들은 주를 달아서 책 뒤에 기록해놓았다.

자! 이제 모든 두려움을 뒤로하고, 진리의 여행을 함께 떠나자!

놀라운 깨달음과 자유함이 당신을 기다리고 있다!

2016년 봄, 인천 송도에서

프롤로그

　현대인들이 가장 두려워하는 다섯 가지가 '실패, 죽음, 거절, 고독, 고통'이라고 한다. 그만큼 실패는 현대인들에게는 마치 에볼라나 에이즈같이 거리끼는 것, 터부시되는 것이다. 오죽했으면 최근 미국에서는 실패와 패배에 대한 극심한 두려움을 표현하는 'Kakorrhaphiophobia'카커라피오포비아라는 신종 단어가 생겨났을 정도이다. 뿐만 아니라 정신학적인 용어로 '실패 공포증'Atychiphobia은 미국 정신의학협회에서 출판하는 《정신질환 진단 및 통계 편람DSM-IV》에 명시된 (전문적인 정신치료를 요하는) 일종의 정신질환이기도 하다.

　시대가 바뀌면서 실패에 대한 표현들도 점점 다양해져가고 있다. 특별히 영어로는 실패를 '죽음의 키스'Kiss of Death, '두려운 저주'Dreadful Curse, '현대 흑사병'Modern Plague 또는 '사형선고'Death Sentence라는 슬랭으로 표현되기도 한다.[1] 한국말로도 "완전 바닥을 쳤다!" "다 날려

16

버렸다!" "알거지가 되었다" "쫄딱 망했다!" 등 실패를 표현하는 용어들이 속출하고 있다.

"아무도 실패를 원치 않는다. 그러나 다 성공은 원한다!"

그래서일까, 최근 몇 년 사이에 〈뉴욕타임스〉 베스트셀러 목록의 1/3 이상이 긍정적인 사고관이나 성공을 위한 지침서 같은 자기계발 관련 책들이었다. 우리는 매스컴이나 인터넷을 통해 끊임없이 성공하거나 대박난 사람들의 이야기를 접하게 된다. 그리고 은연중에 성공신화들을 동경하면서, '나는 언제나 저렇게 될까?' 하는 허황된 꿈을 꾸곤 한다. 그러나 정작 따지고 보면, 우리 주변에는 성공한 사람들보다는 실패하거나 망한 사람들이 더 많다. 하지만 우리는 그런 실패담은 아예 나와는 전혀 상관이 없는 이야기로 제쳐놓든지, 아니면 "한심하다, 안됐다"는 식의 값싼 동정이나, '저 사람은 어쩌다가 저 지경까지 갔을까?'라는 식의 호기심, 아니면 "그래도 나는 저 정도까지 망하지는 않았어!"라는 식의 자위를 할 뿐, 여전히 우리의 관심은 성공에 집착되어 있다.

성공의 망상

현대인들이 가장 선호하는 좌우명 가운데 하나는 "실패는 옵션이 될 수 없다!"이다. 대부분의 사람들은 어릴 때부터 성공에 대한 세뇌교육을 받아왔기에, 끝내 성공에 대한 야망과 망상을 저버리지 못한 채, 성공 그 자체를 인생의 최대 목적과 목표로 삼아 살아가고 있다. 극단적인 성공지향주의로 치닫고 있는 이 시대의 모토와 슬로건이 있다.

"나는 필연코 성공해야 한다!"

"나에게 실패란 결코 있을 수 없다!"

하지만 현실은 그렇게 만만치가 않다. 인생은 힘겹고 잔혹하다. 내가 아무리 열심을 내고 노력한다 해도, 기회도 행운도 시간도 다 내 편이 되어주지 않는다. 누군가의 말처럼 "인생은 너무나 불공평하다!" 특별히 유독 나에게만 더 불공평해 보이기도 한다. '온 세상이 다 나를 대적하는 것 같다'는 생각이 들 때가 한두 번이 아니다. 아직도 주제파악을 제대로 못해서일까? 우리는 성공해야 할 사람은 진정 '내가 아닌가?'라는 착각과 망상 속에서 살아간다.

'내'가 제일 좋은 대학교에 다녀야 하고, '내'가 돈을 제일 많이 벌어야 하고, '내'가 제일 인기가 있어야 하고, '내'가 제일 잘나가며 유명한 사람이 되어야 하고, '내'가 제일 행복한 가정을 이루어야 하고, '내'가 제일 좋은 것들을 가지며 누려야 한다는 식의 자아의 헛된 망상 속에서 살아간다.

그러나 현실은 지극히 매정하고 잔혹하다. 현실은 나에게 조금의 자비나 은총을 베풀지 않는다. 행운은 항상 나를 외면하고 있다! 그래서일까? 나는 아직도 꼴찌를 면치 못하고 있다. 나는 항상 탈락하고 떨어진다. 나는 끊임없이 망하고 실패한다.

실패에 실패를 거듭한 머피라는 사람이 자신의 체험을 토대로 기록한 '머피의 법칙'Murphy's Law 중에 다음과 같은 격언들이 나온다. 2

무엇이든지 안 될 일이면 결국 안 되고 만다.
하물며 잘될 일까지도 안 되고 만다.
모든 일들이 저절로 잘 되고 있다는 생각은 큰 오산이요, 착각이다.
그냥 가만히 내버려둬도 내가 하는 일은 다 안 되게 되어 있다.
필수적으로 성공해야만 하는 중대한 일일수록 더 꼬이고 망치게 된다.

정말 받아들이고 싶지 않은 말들이지만 사실이다. 인류 역사상 가장 호화찬란한 부귀영화를 누렸다고 하는 솔로몬 왕의 고백도 머피의 법칙만큼이나 비관적이다.

사람들이 행하는 모든 일들을 본즉 바람을 잡는 것처럼 헛된 일들뿐이구나. 3

불의한 것들을 곧게 할 수 없고, 불공평한 일들을 고칠 수 없구나. 4

내 손으로 한 모든 일들을 돌아본즉, 다 실패작이요, 헛수고한 것밖에 없구나. 5

어느 누가 성공하기를 원치 않는다고 할 수 있겠는가? 그러나 안타깝게도 나의 원대로 되는 일은 하나도 없다. 오히려 정반대로 원치 않는 일들만 계속 일어난다. 아무리 잘해보려고 안간힘을 쓰고 버둥거려도, 결국은 불공평과 불의, 불운이라는 난공불락의 현실 앞에 부딪치게 된다. 인생을 살아오면서 이제까지 수없이 많은 실패를 체험했지만 앞으로도 나는 끊임없이 실패에 실패를 거듭하게 될 것이다. 어찌 보면 인생 그 자체가 실패의 연속일 수도 있다. 그러므로 이제 실패란 나에게 단순한 옵션 정도가 아닌, 필수가 되어버리고 말았다.

나는 실패할 수밖에 없다.
왜냐하면 나라는 존재 자체가 불완전하기 때문이다.
실패란 인생살이 가운데 피할 수 없는 실존적인 현실이다.
이제 빨리 꿈에서 깨어나자!
인생은 성공도, 행복도, 만족도, 성취도 아닌 실패요,
깨어진 꿈이요, 고통이요, 저주 그 자체인지도 모른다.
불편한 진실이지만 사실이다. 이제 우리가 당면한 중대한 관건은 '실패할 것이냐 성공할 것이냐'가 아닌, '언제, 어디서, 무엇을, 어떻게, 얼마만큼 실패할 것이냐?'에 있다.

현실 체크

오늘날 누가 좀 잘나가고 성공을 했다고 하면, 야단법석을 피우는 모습을 종종 볼 때가 있다. 그들은 자신 있게 (아니면 은연중에) 자신의 성공신화를 선전하고, 장황하게 자신의 성공담을 늘어놓곤 한다. 그들은 어떻게 돈을 벌었고 어떻게 출세했으며, 또 어떻게 유명해지고 잘나가게 되었는지 자기 나름의 비결과 이론을 떠벌리고 역설한다. 그런 식의 모든 성공신화의 최종 결론은 결국 자기가 잘났다는 것밖에 없다.

하지만 사실 사람이 성공을 했다는 것과 '인생의 도道'를 깨달은 것과는 전혀 별개의 문제일 수 있다. 영어로 'Bigger than Life'라는 표현이 있는데, 사람이 '스타', 즉 '스스로 타락한 사람'이 되고 나면, 그의 겉모습이 그의 실상보다 훨씬 더 크게 확대되어 보일 수 있다는 뜻이다. 그가 비록 세상적인 관점으로 볼 때는 성공했는지 몰라도 그의 인격이나 인성은 완전 엉망일 수 있다는 말이다.

사실 사람이 성공하고 잘나갈 때는 모든 것이 다 멋있어 보이기 마련이다. 그만큼 배가 부르고 여유가 있기 때문이다. 그러므로 그들은 듣기에 전혀 부담이 안 가는 긍정적이고 좋은 말들만 한다. 또한 사람이 잘나갈 때는 온갖 관용과 너그러움을 베풀 수 있고, 여유만만하고 느긋한 행동을 하는 멋있는 사람이 될 수 있다. 하지만 그러한 모든 말과 행동은 진실이 아닐 수도 있다. 다시 말하면, 그 사람이 요행히 성공을 했는지는 몰라도, 인생의 도와 진리의 깨달음에 대해서는 전혀 무지하고 무관심할 뿐만 아니라 그의 삶 자체가 전부 허상이요, 가면무도극Masquerade에 불과할 수 있다는 뜻이다.

영어로 'Reality Check', 즉 '현실 체크 또는 현실 점검'이라는 표현이 있는데, 세상에 어느 누구도 완전 쫄딱 망하기 전까지, 즉 완전 바닥을 쳐서 고통과 절망의 끝자리까지 가보기 전에는 인생의 참 의미에 대하여 논할 수 없다고 본다(그렇다고 해서 망하고 실패한 사람들이 다 진리를 깨달아, 진실을 말한다는 뜻은 아니다).

사람이 적당히 실패를 하고 망하면, 깨달음이 없을 수도 있다. 끝까지 가보지 못했기 때문이다. 하지만 완전 쫄딱 망해서 물질과 명예와 건강을 다 잃어버린, 더는 내려갈 수 없을 만큼 바닥으로 떨어져 뒹굴었던 사람들의 이야기를 들어보면 무언가는 건질 것이 있다. 사업에 망하고 알거지가 되어서, 비참함이 무엇인지 아는 사람의 말을 들어보라. 물질의 허상에 대해 말해줄 것이다. 한창 잘나가다가 한 번의 실패로 인해 세인들에게 따돌림을 당하고 홀로서기를 하는 사람의 말을 들어보라. 인간의 본질에 대해 정확하게 말해줄 것이다. 사랑하는 사람에게 버림받아, 건강마저 잃어버리고 사망의 음침한 골짜기를 헤매었던 사람의 말을 들어보라. 인생의 허무함에 대해 말해줄 것이다.

사실 성경이 위대한 것은 성경 속 주인공들이 성공을 해서가 아니라, 오히려 그들이 모두 다 실패를 했기 때문이다. 믿음의 조상이라고 하는 아브라함도, 민족의 영웅이었던 모세도, 이스라엘을 건국한

다윗 왕도, 예수님의 수제자 베드로도 모두 다 처참한 실패자들이요, 인생의 루저Loser, 패배자들이었다! 또한 그들이 바로 그런 식으로 실패했었기 때문에 그들의 입술을 통해 증언된 성경말씀이 진리요, 오늘날까지도 우리의 심금을 울리는 것이다. 하물며 인류 역사상 가장 지혜롭고 세상의 모든 부귀영화를 다 누렸다고 하는 솔로몬 왕마저도, 온갖 타락과 방탕한 짓을 하며 우상숭배를 하다가 완전히 쫄딱 망하고 나서, 그의 말년에 인류 역사상 최대의 철학적인 작품이라고 하는 전도서를 저술하였던 것이다. 더욱 놀라운 것은 전도서가 성공에 대한 말씀이 아닌, 인생의 허무와 실패에 대한 말씀이라는 사실이다.

자, 이제 성공의 신화와 망상에서 깨어나자!
성공 안에는 진실이 없을 수도 있다.
성공은 허상과 가면무도극에 불과할 수 있다.
그러나 실패 안에는 항상 진실과 깨달음이 숨겨져 있다.
이제 망하고 실패한 사람들의 이야기에 귀 기울이라!
성공을 하기 전에, 먼저 실패를 하라.
설령 성공을 했다 할지라도, 실패를 체험해보라.
성공, 그 이상의 것이 당신을 기다리고 있다!

CONTENTS

당신이 성공한다고는
누구도 장담할 수 없지만,
인생을 살면서
당신은 필경 수많은 실패를
경험하게 될 것은 자명하다.

1
PART

실패의
의미

1

대실패

"To err is human!"(실수하는 것이 인간이다!)

인간에게 실수와 실패란 자연스럽고, 지극히 당연한 일이다. 우리는 원하건 원치 않건, 우리 자신의 의지나 노력 혹은 자질의 여부에 상관없이 실패할 수밖에 없다. 우리가 사는 세상은 지극히 불공평하고 잔혹하다. 험악한 세상을 살아가는 사람들에게 실패란 옵션 정도가 아닌 필연이요, 불가피한 기정사실이다. 마치 아무도 죄를 짓고 싶어서 죄를 짓는 사람이 없듯이, 실패도 실패하려고 해서 하는 사람은 없다. 대부분 '어쩔 수 없이' 실패를 하고 만다. 인간은 자신의 의지나 의도에 상관없이 언제나 실패할 수 있다. 어찌 보면 사람이 실패를 하지 않는다는 것, 그 자체가 오히려 더 이상한 일이다. 실패란 모든 사람에게 무차별적으로 적용되는 보편적이고 우주적인 법칙이다.

다시 한 번 말하지만 실수하는 것이 인간이다. 어떻게 보면 실패란 인간의 본질 그 자체다. 또한 온 세상에서 유독 '나'만 실패한 것이 아니라, 모든 사람이 다 실패를 한다. 당신이 성공한다고는 누구도 장담할 수 없지만, 인생을 살면서 당신은 필경 수많은 실패를 경험하게 될 것은 자명하다.

이렇듯 사람이 끊임없이 실수하고 실패하는 데는 결정적인 원인이 있다. 그 원인의 가장 근본적인 뿌리는 인간 안에 들어 있는 존재적인 연약함Weakness, 허물Iniquity, 결함Flaw 그리고 죄성Sinful Nature이다. 이런 것들은 우리가 실수나 실패를 하기 이전에, 이미 우리 안에 존재하는 불완전한 인간의 본질 그대로의 상태를 의미한다. 그러한 인간의 허물과 죄성이 행동으로 옮겨졌을 때 사람은 실수하고, 그 실수가 곧 실패라는 결과를 낳게 되는 것이다.

사람은 실패하게 되어 있다

좀 이상하게 들릴지 몰라도, 인간은 실패할 수밖에 없도록 만들어져 있다. 즉 모든 인간은 실패할 수밖에 없는 본질적이고 존재적인 결함을 안고 있다. 이 말은 하나님의 창조 자체에 결함이 있었다거나 불완전했다는 뜻이 아니다. 더욱이 하나님이 사람을 만드실 때 실수를 하셨다는 말도 아니다.

인류 역사상 가장 지혜로웠던 사람 가운데 하나로 꼽히는 솔로몬은 인간의 존재적인 결함을 다음과 같이 규명하고 있다.

> 하나님은 사람을 온전하게 지으셨습니다. 하지만 사람이 삐뚤게 나
> 가 많은 악한 마음을 품고 죄를 지었습니다.[1]

만일 하나님의 창조에 아무런 문제나 결함이 없었다면, 인류의 조
상에게 과연 무슨 일이 일어났었던 것일까? 성경에서 그 답을 살펴
보자. 창세기에 보면 하나님이 인간을 만드시고 "보시기에 심히 좋
았더라"라고 스스로 감탄하시는 장면이 나온다. 그 말씀을 보건대
인간은 단순한 완성품 정도가 아닌, 하나님이 창조하신 모든 우주
만물 가운데 가장 위대한 걸작품이었음을 알 수 있다.

다만 여기서 우리가 알아야 할 것은 하나님은 인간 안에 '실패 안
전장치'를 설치하지 않으셨다는 사실이다. 즉 하나님은 인간에게 자
유의지라는 선택의 자유와 권리를 선물로 주셨고, 그 선택권으로 말
미암아 인간은 언제든지 실패할 수 있는 가능성을 지니고 만들어졌
다. 그러므로 인간의 문제는 필경 그들의 그릇된 자유의지적인 선택
으로 말미암아 나타난 후차적인 사고의 결과였음을 쉽게 짐작할 수
있다.

내가 대학에 다닐 때였다. 멀쩡한 차가 헐값에 나와서 '얼씨구나,
이게 웬 떡이냐!' 하는 마음으로 중고차를 구입한 적이 있다. 차 값
이 차종 모델과 연도에 비해 턱없이 싸서 아무것도 따지지 않고 덜

컥 사버렸는데, 그때부터 악몽이 시작되었다. 자동차를 산 지 일주일도 채 되지 않아, 하루가 멀다 하고 고장이 났다. 환불을 요구했지만 계속 거부당하고, 결국 견디다 못해 차량 등록국에 가서 자동차 기록 조회를 떼어봤다. 아니나 다를까, 대형사고를 당해서 폐차 처분을 하려고 고물상에 갖다버린 것을 전 자동차 주인이 헐값에 사서 적당히 겉만 번드르르하게 수리해서 팔아먹었던 것이다.

대형사고를 당한 차는 심한 충격으로 인해 차체 내부에 기계적인 (또는 구조적인) 문제가 생겨서 계속 고장이 날 수밖에 없다. 영어로 그런 차들을 소위 '레몬'Lemon이라고 한다. 겉은 멀쩡하지만 속이 골병들어 있는 레몬을 샀던 것이다. 인류의 문제도 이에 비유할 수 있다. 즉 하나님은 분명 인간을 만물의 영장으로 완성된 걸작품으로 만드셨지만, 인류의 조상 아담과 하와가 대형사고를 일으키고 만 것이다.

인류의 대실패

창세기에 나오는 아담과 하와의 실패 사건의 전말을 살펴보면 대강 다음과 같다.

그들은 (정확히 언제인지는 모르지만) 에덴동산에서 '뱀'(마귀)의 꼬임에 넘어가 하나님이 "네가 먹는 날에는 반드시 죽으리라" 하신 선악을 알게 하는 나무의 실과를 따 먹고 만다. 물론 그 당시에는 그들도 자신들이 무슨 짓을 했는지 전혀 몰랐을 수도 있다. 하지만 한 가지 분명한 사실은, 아담과 하와가 (하나님의 말씀에 불순종하고) 엽기적인 대형사고를 쳤다는 것이다. 기계학적 용어를 빌어 표현한다면, '파국적 고장'(Catastrophic Failure, 재해적 고장으로 기능 단위 또는 시스템의 기능을 완전히 정지시키거나 마비시키는 고장), 회복이나 복구가 불가능한 대실패 또는 대참사가 일어났다.

인류의 대실패를 좀 더 자세히 추리해보면, 모든 문제의 발단은 아담과 하와가 하나님의 말씀을 거역하는 것으로부터 시작되었음을 알 수 있다. 그것을 신학적인 용어로 '인류의 타락'이라고 표현한다. 이런 불순종과 반역이라는 범죄는 인간을 하나님으로부터 격리되게 만들었다. 즉 하나님과의 관계가 깨지고 만 것이다. 더 나아가서 그런 영적 타락과 부패는 인간 인격 안의 허물과 결함으로 이어지게 된다. 결국 인간의 허물과 결함은 유전을 통해 온 인류에게 퍼지게 되었고, 결국에는 죄성Sinful Nature이라는 고질적이고 존재적인 속성으로 모든 인간의 존재 안에 영구히 자리매김하게 된다. 종교 개혁자 마르틴 루터는 이에 대해 다음과 같이 직설적인 증언을 하고 있다.

"우리는 죄를 지을 수밖에 없어서 죄를 짓는다!"

모든 인간은 자신의 생각이나 의지에 상관없이, 상황과 기회만 주어지면 언제든지 실패하고 죄를 지을 수밖에 없는 존재가 되어버리고 말았다. 그것은 마치 바이러스에 감염된 컴퓨터에 비유할 수 있다. 일단 컴퓨터가 바이러스에 감염되고 나면 초기에는 아무런 증상도 나타나지 않을 수 있지만, 시간이 흐를수록 작동이 점점 느려지고 소프트웨어에 문제가 생기다가 마지막 단계에 이르러서는 스크린이 꺼지고 하드드라이브까지 삭제되어, 컴퓨터의 모든 작동이 완전히 멈춰지게 된다. 인류의 실패도 그와 같다고 할 수 있다. 아담과 하와를 통해 감염된 바이러스(대실패)는 유전자를 통해 온 인류에게 전염되어, 인류 전체 안에 다발적이고 보편적인 죄성을 낳게 된다.

하마르티아

인간의 죄성과 실패에 대한 의미를 좀 더 깊게 상고해보기로 하자. 성경은 인간의 '본질적인 실패', 곧 인간의 속성과 성품 안에 들어 있는 선천적인 불순종, 반역, 타락, 부패, 허물 그리고 결함을 한마디로 함축해서 '죄'^{Sin}라는 용어로 표현한다. 즉 성경이 말씀하는 죄는 단순히 도덕과 윤리적인 차원에서의 불의한 행위만을 의미하는 것이 아니라, 사람의 인격 안에 들어 있는 본질적인 허물과 결함 그리고 연약함을 포함하는 포괄적인 용어이다.

고대 헬라어를 연구해보면, 죄에 대한 의미와 개념이 시대와 문화의 변천에 따라 계속 변형되어왔음을 알 수 있다. 특별히 신약성경이 기록된 1세기에 헬라인들이 사용했던 죄라는 단어의 어원인 '하마르티아'는 다음과 같은 의미들을 내포하고 있다.

"표적(과녁)에서 빗나갔다, 골(목적)에 도달하지 못했다, 기대에 미치지 못했다, 기준치에 미달되었다, 끝까지 가지 못했다."

홍미롭게도 하마르티아는 고대 희랍의 비극과 신화 안에서도 종종 등장하는데, 그때 사용되었던 의미는 '주인공을 파멸로 몰아간 인격적인 결함이나 실수', 즉 실패를 뜻하고 있다.[2] 물론 '하마르티아'라는 단어 안에는, 우리가 흔히 인식하고 있는 도덕과 윤리적인 죄의 개념이 포함되어 있다. 하지만 포괄적으로 볼 때, (1세기 헬라 문화권 안에 살고 있었던) 성경의 저자들이 제시한 죄의 의미는 실패라는 뉘앙스를 다분히 내포하고 있다고 볼 수 있다. 기독교 신앙의 기초를 세우는 데 핵심적인 역할을 한 사도 바울은, 로마인들에게 쓴 편지를 통해 죄에 대한 정의를 다음과 같이 내리고 있다.

모든 사람이 죄를 범하였으매 하나님의 영광에 이르지 못하더니….

여기서 바울이 사용한 '죄'라는 단어가 곧 '하마르티아'인데, 이 구절을 (원어상의 의미를 벗어나지 않는 한도 내에서) 실패라는 관점에서 재번역하면 그 의미가 좀 더 정확하게 전달된다.

"모든 사람이 다 실패를 했습니다! 온 인류는 그들 안에 있는 허물과 결함으로 인해, 하나님의 뜻과 기대에서 벗어나 완전히 딴 길로 가고 말았습니다. 그 결과 사람들은 하나님이 그들에게 주려고 예비하신 영원한 생명과 하나님의 영광에 동참하는 목적에 도달하지 못하고 말았습니다."

바울은 사람이 하나님이 정하신 궁극적인 창조의 목적, 즉 '하나님의 영광'에 도달하지 못한 것을 죄 또는 실패라고 결론내리고 있다. 그러므로 사실상 성경이 말하는 죄는 도덕과 윤리적인 개념을 초월한 '존재적인 실패'를 의미하고 있음을 알 수 있다.

오늘날 현대인들은 죄라는 단어에 아주 민감한 반응을 일으키곤 한다. "유치하게 '죄!' '죄!' 하지 마세요!"라고 하는 고상한 분들도 있다. 전도하다가 행여나 죄라는 말이 나오면 사람들은 "내가 왜 죄인이냐? 나는 절대 죄인이 아니다!"라고 펄쩍 뛰면서 역정을 내기도 한다. 하지만 "당신도 실패를 하지 않았습니까?"라고 물으면 금방 수그러드는 모습을 볼 수 있다.

만일 현대인들에게 죄라는 단어가 그토록 거북스럽게 느껴지는 것이라면, 죄라는 단어 대신에 실패라는 단어로 대치한다 해도 전혀 문제될 것이 없다. 이미 살펴본 대로 '하마르티아'라는 용어 자체가 죄와 실패라는 개념을 동시에 내포하고 있기 때문에, 사실 죄라는 단어를 쓰건 실패라는 단어를 쓰건 결론은 마찬가지다. 즉 성경에서 사람이 죄를 지었다고 말씀할 때는 인간의 존재적인 연약함, 허물, 결함, 죄성, 고의적인 불순종과 반역을 포함한 포괄적이고 총체적인 실패를 의미하기 때문이다.

좀 더 직설적으로 표현하자면, 죄를 지은 것이 실패를 한 것이요, 실패한 것이 죄를 지은 것이라는 뜻이다.

고물에서 괴물로

에덴동산에서 일어난 불순종과 반역의 사건은 회복이 불가능한 대형사고요, 참사였다. 또한 그 대실패가 온 인류에게 미친 영향은 치명적이요, 영구적이었다. 그것은 마치 대형사고를 당한 차가 사고의 충격으로 인해 차체 안에 심각한 구조적인 문제가 발생하게 되면, (하나를 고치고 나면 또 다른 부분이 망가지고 하는 식의) 끊임없는 실패의 연쇄반응을 초래하게 되는 것과도 같다. 즉 인류의 역사를 통해 실패에 실패라는 과정을 거듭 거치면서, 인간은 결국 '실패적인 존재' 그 자체로 전락해버리고 말았다. 종교 개혁자 칼빈은 그것을 '전적 부패'Total Depravity라는 신학적인 용어로 표현하기도 했는데, 그와 같이 인간은 본질과 속성 자체가 단순히 고장이 난 레몬 정도가 아닌, 도저히 다시 고쳐 쓸 수 없을 만큼 완전히 망가지고 빠그라져 버린 '고물'이 되어버리고 말았다.

아담과 하와의 대실패는 '인격적인 실패'를, 그리고 인간의 인격 안에 들어 있는 본질적인 죄성은 결정적으로 '존재적인 실패'를 가져오고 말았다. 즉 인간은 본질과 존재 자체가 이미 '실패'이기 때문에, 끊임없이 죄를 짓고 실패할 수밖에 없다. 다시 말하면, 인간은 폐차 처분을 해서 쓰레기통에 갖다버려야 할 고물Junk 정도가 아닌, 본질과 존재 자체가 아예 흉측한 괴물Monster로 둔갑해버리고 말았다. 또한 타락과 부패로 말미암아 괴물로 전락해버린 인간은, 단순히 '문제를 안고 있는 존재' 정도가 아닌, '존재 그 자체가 문제'가 되어버렸다. 결론적으로 인간은 실패를 해서 실패자가 되는 것이 아니라, 인간이라는 존재 자체가 본질적으로 실패자이기 때문에 실패할 수밖에 없다는 뜻이다.

인류의 실패사

에덴동산과 그 이후에 발생한 여러 번의 대형사고는 고질적이고 영구적인 실패의 속성이 되어 모든 사람들의 인격 안에 보편화되었다. 또한 그 결과로 말미암아 아담 이후에 나타난 인류의 역사는 걷잡을 수 없을 만큼 내리막길을 치닫게 된다. 그러므로 성경 안에 기록된 인류의 역사는 인간의 본질과 실패의 단면을 보여주고 있는 위대한 진술이라고 할 수 있다. 한마디로 성경에 나타난 인류의 역사는 실패의 역사 그 자체요, 실패자들의 열전^{列傳}이라고 할 수 있다. 인류의 시조로부터 시작된 실패의 고리는 수천 년이 지난 오늘날까지도 계속 이어지고 있는 것이다.

특별히 '성경'^{聖經, Holy Scriptures}이라는 책은, 문자 그대로 '거룩한 경전'이라는 의미를 내포하고 있는데, 내용상으로 보면 사실 세상에 있는 그 어떤 책보다도 더 '더러운' 책이라 할 수 있을 만큼, 온갖 추잡스럽고 거룩하지 못한 이야기들로 가득 차 있다. 즉 성경 안에는 인간의 실패와 온갖 죄상^{罪狀}들이 사실 그대로 기술되어 있다는 뜻이다. 성경은 위대한 하나님의 말씀이기도 하지만, 동시에 인간의 죄상을 적나라하게 폭로하는 '솔직한' 책이다.

　몇 년 전에 미국 FBI의 프로파일러가 성경의 신빙성에 대한 연구 결과를 발표한 적이 있는데, 성경이 하나님의 말씀이라고 할 수 있는 가장 핵심적인 근거는 그 내용에 있다고 한다. 그의 논리에 의하면, 만일 성경이 (하나님의 영감이나 계시가 아닌) 순전히 사람이 쓴 글이라고 가정하면, 다른 수많은 고대 역사적인 문헌들처럼 내용과 이야기들이 편집되고 조작되어 어떠한 불경건한 이야기도 들어 있을 수가 없다는 것이다. 그러나 성경 안에는 살인은 물론 간음, 강간, 근친상간, 미움, 시기, 질투, 타락, 반항, 불의, 거짓, 배신, 배도, 우상숭배, 학살, 전쟁 등 상상을 초월하는 엽기적이고 낯뜨거운 내용들이 액면 그대로 기록되어 있다.

　오죽했으면 기독교가 한국에 처음 들어왔을 때, 대부분의 유교학자들은 성경책을 '상놈'들의 이야기라고 거부했겠는가. 이들은 자기 집안보다도 더 천한 족보를 갖고 있는 예수님을 어떻게 구세주로 모실 수 있느냐며 믿기를 거부했다고 한다. 결론적으로 성경이 하나님의 말씀인 증거는 바로 성경이 인류의 죄상과 실패를 있는 그대로 증거하고 있기 때문이다. FBI 프로파일러의 말을 빌리자면, "오직 하나님만이 그렇게 하실 수 있다." 사람은 실패에 대해 적나라하게 쓰지 않았을 것이라는 뜻이다. 그러한 관점으로 볼 때, 성경은 분명 하나님의 영감과 계시로 된 진리의 말씀일 뿐 아니라 인간사의 모든 파노라마가 들어 있는 대하드라마라고 할 수 있다.

아담의 후예들

아담과 하와의 대실패 이후, 인류의 역사는 계속해서 고장이 나는 일밖에 없었다. 특별히 창세기의 전반부는 아담으로부터 바벨탑 사건에 이르기까지의 고대 역사를 기록하고 있는데, 내용을 보면 한마디로 참담하다. 특별히 아담으로부터 기인한 죄성은 즉시 그 자손에게 감염되어, 아담의 첫 번째 자손인 가인은 그의 동생을 쳐 죽이는 살인죄를 범하고 만다. 인류가 창조된 이후, 불과 일대^{一代} 만에 일어난 사건이었다. '어쩌면 그럴 수가 있었을까'라는 의문이 들기도 하지만, 완전히 타락하고 부패된 인간의 죄성을 감안할 때 충분히 그럴 수 있다는 생각이 들기도 한다.

뿐만 아니라, 아담의 후예들이 지구상에 급속도로 번지기 시작하면서 고대문명을 건설했는데, 사실 인간의 모든 과학과 기술의 발전은 결국 무기를 만드는 일로부터 시작되었다 해도 과언이 아닐 것이다. 그 결과 천지창조가 이루어진 지 약 1,000년이 지난 노아의 시대에 이르러서는 온 땅에 패괴^{敗壞}와 강포^{强暴}가 가득했다고 성경은 진술하고 있다.

죄는 절대 한자리에 머물러 있지 않고 계속 진보되고 진행될 수밖에 없다. 즉 죄는 죄를 낳고, 실패는 실패를 낳는다는 뜻이다. 성경은 "이 당시의 세상 사람들은 하나님이 보시기에 아주 악하고 부패하여 세상은 온통 죄로 가득 차 있었다"라고 했고, "때에 온 땅이 하나님 앞에 패괴하여 강포가 땅에 충만한지라"라고 당시의 상황을 설명하고 있다. 특별히 '패괴'Corruption라는 단어는 '죄와 부패로 썩어 문드러졌다'라는 의미를 내포하고, '강포'Violence는 '강퍅하고 포학했다'라는 의미를 내포하고 있다. 하나님께서 인간을 지으신 것을 한탄하시고, (노아의 여덟 식구만 빼놓고) 온 인류를 모조리 지면에서 싹 쓸어버리실 정도였다면, 그 당시 인간의 죄가 어디까지 사무쳤는지 상상이 될 것이다.

오늘날 현대 성경학자들이 추산한 노아 시대의 인구를 약 2억 정도라고 하는데 그중 여덟 명만 남고 모조리 멸망을 당했다고 생각해보라.[3] 그것은 문자 그대로 거대한 실패였다고 할 수 있다. 하지만 노아시대의 멸망 이후, 얼마 되지 않아 노아의 여덟 식구로부터 인류가 다시 온 땅에 퍼지기 시작하는데, 그들은 또다시 바벨탑을 지어 하나님께 정면 도전을 하게 된다. 그것이 인간의 본질이다. 인간은 끊임없이 하나님께 반항하고 도전한다. 즉 인류의 역사는 시작부터 끝까지 죄의 역사요, 하나님을 배역하는 역사인 것이다.

이스라엘의 역사

어떠한 상황에서도 하나님은 절대 포기하지 않으시고 인간에게 기회를 주신다. 그리고 그 이야기가 창세기의 나머지 내용을 채우고 있다. 하나님은 아브라함을 택하셔서 그의 자손을 통해 온 인류를 구원할 계획을 세우신다. 하지만 문제는 주님이 택하신 사람들이 전부 다 실패자였다는 사실이다. 흔히 아브라함을 믿음의 조상이라고 칭하는데, 성경을 자세히 보면 그는 사실 자기 아내 사라의 미모를 팔아 목숨을 연명한 겁쟁이요, 하나님의 언약을 신뢰하지 못하고 결국에는 첩을 통해 아들을 얻고 마는 불신자였다. 또한 그의 실수 때문에 4,000년이 지난 오늘까지도 중동지방에서는 본부인을 통해 낳은 아들(이삭)의 자손인 유대인들과 첩을 통해 낳은 아들(이스마엘)의 자손인 아랍인들 사이에 전쟁과 불화가 끊이지 않고 있다. 또한 별 볼일 없는 삶을 살았던 이삭과 평생 속임수를 쓰며 살았던 사기꾼 야곱이 이스라엘 민족의 조상이 되었다(이 대목에서 너무 부정적인 측면만을 부각시키는 것이 아닌가라는 감이 들기도 하지만, 단순히 성경의 이야기를 통해 인간의 허물과 죄성 그리고 실패를 있는 모습 그대로 드러내고자 했다).

핵심은 하나님은 그러한 실패자들을 택하시고 은혜를 주시어 그들의 삶과 실패를 완전히 역전시키셔서 결국에는 그들을 놀라운 하나님의 사람들로 만들어내셨을 뿐만 아니라, 또한 그들을 통해 구원의 역사를 이루셨다는 데 있다.

계속해서 이어지는 이스라엘의 역사는 시작부터 끝까지 불순종과 반항의 역사라고 할 수 있다. 사실 아브라함 때부터 예수 그리스도가 이 땅에 오시기까지 약 2,000년에 걸친 이스라엘의 역사는 끊임없는 불신과 반역 그리고 우상숭배와 배도의 연속이었다. 구약성경을 읽다보면 해도 너무했다는 생각이 들 정도로 이스라엘 백성들은 하나님을 배반하고 불순종한다. 하지만 그들이 우리보다 조금도 더 완악하거나 강퍅하지 않았다는 사실을 기억하라. 따지고 보면, 우리의 삶도 그들 못지않게 불순종과 반항으로 얼룩져 있다. 인간의 본질은 그들이나 우리나 마찬가지다. 다만 그들의 이야기가 본보기와 거울이 되어 나 자신의 죄성과 본질을 비춰주고 있는 것뿐이다.

더 나아가 출애굽으로부터 시작된 이스라엘의 역사는 40년에 걸친 광야생활, 가나안 정복과 정착 그리고 왕국시대로 이어지게 된다. 그 안에는 (한때 자기 스스로가 민족의 영웅이요, 구원자라고 착각했던) 과대망상증 환자 모세로부터, 하나님의 마음에 합한 자라고 극찬받았지만 결국에는 간음자요, 살인자로 전락해버린 다윗 그리고 인류 역사상 가장 지혜로울 뿐 아니라 모든 부귀영화와 명예를 다 누렸지만 결국에는 타락과 방탕으로 나라를 말아먹고 만 솔로몬에 이르기까지, 인생살이의 모든 희로애락과 파노라마가 마치 대하드라마처럼 펼쳐지고 있다. 하지만 그 절정은 이스라엘의 멸망으로 대단원의 막을 내리게 된다. 이 사건은 노아의 홍수 사건 이후로 성경 역사상 가장 참담한 실패의 사건이라고 할 수 있다.

더욱 놀라운 사실은 그러한 민족적인 대실패가 일어나기 약 1,000년 전에 모세는 이미 그런 일들이 일어날 것을 정확히 예고하고, 미리 경고했다는 사실이다!

너희가 하늘의 별같이 많을지라도 네 하나님 여호와의 말씀을 청종하지 아니하므로 남는 자가 얼마 되지 못할 것이라… 여호와께서 너희를 망하게 하시며 멸하시기를 기뻐하시리니 너희가 들어가 차지할 땅에서 뽑힐 것이요 여호와께서 너를 땅 이 끝에서 저 끝까지 만민 중에 흩으시리니… 네 생명이 위험에 처하고 주야로 두려워하며 네 생명을 확신할 수 없을 것이라. [4]

모세가 이스라엘 백성들에게 경고하고 예언한 대로 혹독한 저주가 토씨 하나 틀리지 않고 그들에게 임하고 말았다. 그것은 정말 실패의 절정이었다.

십자가 사건

하지만 성경에 기록된 모든 인간의 실패사 가운데, 그 어떠한 것도 십자가 사건보다 더 '거대한 실패'Colossal Failure는 없었을 것이다. 어떤 신신학新神學자는 "하나님의 아들은 십자가에 못 박힘으로 실패를 했고, 인류는 하나님의 아들을 못 박아 죽임으로 실패를 했다"라고 말했다. 십자가 사건은 노아의 홍수 그리고 이스라엘의 멸망과 더불어 성경에 기록된 가장 참담한 실패의 사건이라고 할 수 있다.

인류를 구원하기 위해 메시아로 이 땅에 오신 예수님은 자신의 동족에게 거절당하고, 제자들에게 배신당하며, 하나님께 버림받아 온갖 멸시와 수난을 당하며 처절하게 십자가에 못 박혀 죽고 말았다.

인간을 구원하러 이 땅에 오신 하나님의 아들이 인간의 손에 죽고 만 것이다! 아담으로부터 시작된 인류의 죄가 이러한 아이러니^{Irony}로 절정을 이룰지 어느 누가 상상이라도 했겠는가? 하지만 그것이 바로 죄와 실패로 얼룩진 인류의 민낯이었다. 즉 어떠한 식으로 시나리오를 썼다 해도 결국은 그렇게 끝날 수밖에 없었다는 말이다. 그것이 인간의 본질이기 때문이다.

문제는 과연 누가 예수님을 십자가에 못 박았느냐에 있다. 물론 이 질문은 오랜 기간 동안 이슈가 되어왔던 문제이다. 2004년에 상영된 〈The Passion of Christ$^{그리스도의 수난}$〉라는 영화가 있다. 이 작품의 감독 멜 깁슨은 영화배우로 더 유명함에도 이 작품에서 배우로 출연하지 않는데 다만 딱 한 번, 그 영화의 절정이라고 할 수 있는 십자가 처형 장면에서 등장한다고 한다. (얼굴은 나오지 않지만) 로마 군병 하나가 예수님을 땅에 눕히고 대못을 손에 들고 예수님의 팔목을 십자가에 못 박는 장면이라고 한다. 그때 예수님을 십자가에 못 박은 로마 군병의 손이 멜 깁슨의 손이었다. 멜 깁슨은 그 장면을 통해 예수님을 못 박아 죽인 장본인이 바로 자기 자신이라는 사실을 표현하고자 했던 것이다. 참으로 놀라운 발상이다. 그러므로 예수님을 십자가에 못 박은 것은 유대인도, 빌라도도, 로마 군병도 아닌 바로 나의 죄인 것이다.

"내가 예수님을 죽였다!"

우리는 파란만장한 생애를 살아오면서 수없이 많은 실패를 체험했고 죄를 지었다. 하지만 그 어떤 실패나 죄도 하나님의 아들을 죽인 것보다 더 막중할 수는 없다. 즉 그것은 우리 인생의 가장 참담한 실패라고 할 수 있다. 또한 온 인류가 다 함께 예수님을 십자가에 못 박아 죽이는 일에 가담했기 때문에, 십자가 사건은 단연 인류의 최대 실패요, 가장 끔찍한 죄라고 할 수 있다.

슈바이처 박사는 "예수는 그의 사명이었던 이스라엘의 구원도 하나님의 나라도 이루지 못하고, 오히려 역사의 거대한 수레바퀴 밑에서 깔려 죽고 말았다"라고 역설한다. 그의 말대로라면 예수는 위대한 실패자였다. 하지만 그의 죽음이 바퀴에 붙어 돌아가면서 점점 커져서 결국에는 바퀴를 정지시켰을 뿐 아니라 인류 역사라는 거대한 수레바퀴를 완전히 반대 방향으로 전환시키고 말았다. 그것이 곧 부활이라는 사건이었다! 인간의 실패는 하나님의 역사의 시작이다! 그러므로 예수님의 십자가 사건은 가장 위대한 실패요, 동시에 가장 위대한 성공이었던 것이다!

최종 판결

이제껏 살펴보았듯이, 인류 역사는 시작부터 끝까지 끊임없는 죄와 실패의 연속이라고 할 수 있다. 에덴동산에서 아담으로부터 시작된 인간의 실패는 인류의 역사를 통해 오늘날까지 흘러내려왔는데, 인류는 결국 마지막 대실패로 종말을 고하게 될 것이라고 성경은 예고하고 있다. 특별히 성경의 맨 마지막 책인 요한계시록을 보면, 인류는 결국 자멸로 막을 내리게 될 것이라고 말씀하고 있다. 요한의 예언에 의하면 지구 인구의 삼분의 일(즉 현재 인구가 약 70억임을 감안할 때, 약 20억)이 천재지변과 전쟁으로 죽을 것이라고 예고하고 있다. 지난 20세기에만 약 1억의 인구가 전쟁과 학살을 통해 죽은 사실과 현재 인간이 보유하고 있는 핵무기들이 지구를 일곱 번이나 박살을 내고도 남을 정도의 위력을 갖고 있다는 사실을 감안할 때, 충분히 가능성이 있다고 본다. 미국에서 매년 설정하는 운명의 날 시계Doomsday clock, 지구종말 시계가 2016년 열린 시간 검토에서 11시 57분을 가리키고 있다고 발표했다. 그 정도로 인류의 멸망이 임박했다는 뜻이다. 앞으로 말세가 올 것이 아니라 이미 우리는 말세 가운데 살고 있는 것이다.

이제 결론을 내리자. 인류의 역사는 실패의 역사였다. 수천 년에 걸쳐 내려온 인류의 대하드라마는 결국 자멸로 막을 내리게 될 것이다. 그것이 곧 성경이 말하는 인류의 대실패사이다. 즉 인류의 최종 결국은 죄와 실패밖에 없다. 그것이 인간의 본질이기 때문이다. 그리고 그 사실은 성경에 나타난 인류의 역사를 통해 충분히 입증되었다.

그와 마찬가지로 우리의 일생도 결국은 실패의 역사밖에는 없다고 할 수 있다. 그것 또한 우리의 일생을 통해 충분히 입증되었다고 본다. 결론적으로 우리 모두는 죄인이요, 실패자들이다. 이것뿐이다. 그 이상도 이하도 없다! 우리는 실패하기 이전부터 이미 실패자들이었다. 나와 당신은 도덕과 윤리적인 실패를 논하기 이전에, 이미 하나님의 창조의 목적과 기대치였던 '하나님의 영광'에 도달하지 못한 존재적인 실패자들이요, 죄인들인 것이다. 다시 말하면, 나라는 존재 그 자체가 실패했기 때문에 결국 나는 실패할 수밖에 없다는 뜻이다.

레몬을 잘못 사서 반 년 동안 온갖 골치를 앓던 나는, 결국 견디다 못해 자동차 기록 사본을 떼어서 전 자동차 주인에게 갖다주고, 환불받는 데 성공했다. 돈을 받고 나서 행여나 하는 생각에, "그 차를 어떻게 할 것이냐?"라고 물으니까, 그 차는 완전 고물이라서 타고 다닐 수 없어 폐차처분을 해야 한다고 했다. 그동안 고생했던 생각을 하니, 그 말을 듣는 순간 속이 다 시원해졌다.

"폐차처분!"

그것이 대실패를 한 온 인류, 즉 '고물'과 '괴물'들을 향해 내리신 하나님의 최종 판결이요, 선언이었다!

2

궁극적인 실패

괴물 같은 고물들

인간은 인류의 조상 아담과 하와가 저지른 대형사고로 말미암아, 하나님이 원래 의도하셨던 창조의 목적에서 완전히 빗나가, 도저히 다시 고쳐 쓸 수 없을 만큼 찌그러진 고물들이 돼버리고 말았다. 인간은 이러한 구제불능의 구조적인 문제뿐만 아니라, 그들의 존재를 이루고 있는 고질적인 허물과 결함 그리고 죄성으로 인해 완전히 타락하고 부패된 흉측한 괴물이 되어버렸다. 즉 하나님이 보시는 관점에서 온 인류는 적당히 고쳐 쓸 수 있는 '똥차'가 아닌, 폐차처분을 해야 할 고물이 되어버린 것이다.

하지만 놀라운 사실은 응당히 폐차처분을 해서 끝장내야 할 그 고물들이 아직도 멀쩡히 세상에 굴러다니고 있다는 점이다. 사실 자동차는 자기 스스로를 위해 존재하는 것이 아니라 주인을 위해 만들어졌고, 주인을 위해 존재한다. 하지만 인간이라는 (괴물 같은 고물) 자동차는 자기를 만든 주인과 자기가 만들어진 목적 자체를 완전히 망각한 채, 마치 자기가 주인인 척 행세를 하고 온갖 소음과 매연을 내뿜으면서 자기 멋대로 세상을 '쏘다니고' 있다. 인간은 우주 만물의 주인이신 하나님에 의하여, 또 하나님을 위하여 창조되었고, 분명한 목적을 갖고 만들어졌다. 하지만 인간은 실패와 죄의 결과로 말미암아, 창조의 원래 목적과 의도에서 완전히 벗어나 스스로가 하나님이 되어서 그저 자기 잘난 맛에 살아가고 있는 것이다.

인류의 기원을 기록한 창세기를 보면, 그러한 비극적인 상황이 자세히 기록되어 있다. 아담이 타락한 이후 약 1,000년 후에 태어난, 아담의 10대손인 노아의 시대에 이르러서는 세상이 사람의 죄악으로 가득 차고, 사람마다 못된 생각만 하는 것을 보시고, 하나님은 왜 사람을 만들었던가 싶어 마음이 아프셨다. '내가 지었지만, 땅 위에서 쓸어버리리라. 공연히 사람을 만들었구나'라고 한탄하시는 장면이 나온다. 또한 하나님께서는 "사람은 동물에 지나지 않으니 나의 입김이 사람들에게 언제까지나 머물러 있을 수는 없다"라고 선언하시는데, 다른 번역들을 보면 '입김'을 '영'▒ 혹은 '생명'이라고 번역하고 있고, '동물'을 '육체' 혹은 '육신'이라고 묘사하고 있다. 즉 하나님은 인간을 분명 당신과 소통하고 관계를 맺을 수 있는 영적 존재로 창조하셨지만, 인간은 대실패의 결과로 기인한 타락과 부패로 말미암아 하나님의 '영'과 '생명'이 떠나가버린 동물적이고, 육적인 존재로 전락해버렸다는 뜻이다.

특별히 이미 상고해본 사도 바울의 말씀을 살펴보면, '모든 사람이 죄를 지었기 때문에 하나님이 주셨던 본래의 영광스러운 모습을 잃어버렸다'는 적절한 표현을 하고 있다. 예수께서는 "목숨을 부지하려고 무엇을 먹을까 또는 무엇을 마실까 걱정하지 말고, 몸을 감싸려고 무엇을 입을까 걱정하지 말아라"라고 말씀하셨는데, '원래의 영광스런 모습'을 상실한 인간은 하나님의 창조 목적과 직결된 영적인 것들을 떠나, '육신의 정욕과 안목의 정욕과 이생의 자랑' 등 오직 육적인 일들에 묶여 종신토록 종노릇하며 살아가고 있는 것이다.

신적 감각Sensus Divinitatus

이제 하나님의 원래 창조의 목적에 대하여 잠깐 추리해보기로 하자. 사람 안에는 누구나 영원히 살고자 하는 욕망과 더불어 영원을 추구하는 끊임없는 염원이 있다. 불로장생! 그것은 인간의 본성을 이루는 가장 원초적인 본능과 속성일 뿐만 아니라, 모든 인생들이 추구하는 최종 목표이면서 또한 동시에 영원히 도달할 수 없는 인간의 한계점이기도 하다. 그런 식의 열망은 동식물이나 무생물 세계에는 없는 욕구인데, 왜 유독 인간에게만 있는 것일까?

현대 과학자들의 주장에 의하면, 우주는 약 137억년(혹은 어떤 성경학자들은 약 6000년)이란 긴 세월 동안 존재해왔고, 또한 앞으로도 얼마나 더 오랜 기간 동안 존재할는지 모른다고 한다. 다만 한 가지, 정확히 언제인지는 모르지만 우주는 (결국에 가서는) 소멸되어 없어지고 말 것이라는 사실이다. 이에 비해서 인간은 불과 100년도 채 살지 못하고 흙으로 돌아가는 미미한 존재에 불과하다. 하지만 놀라운 것은 137억년 된 우주 안에는 '존재의식'Consciousness이 없지만, 불과 100년도 살지 못하는 인생들 안에는, 부인할 수 없는 존재의식과 영원히 살기 원하는 끊임없는 염원, 즉 영원성이 존재한다는 사실이다!

인간의 존재의식을 감지하는 '영혼'靈魂은 크게 '영'과 '혼'으로 나눌 수 있는데, 그중 '혼'은 '지정의'知情意로 이루어져 있고, '영'은 '영원성'과 '종교성', 즉 '영원'을 추구하는 것과 더불어 '영원한 존재'를 추구하는 것으로 이루어져 있다고 한다. 종교 개혁자 칼빈은 그것을 '신적 감각'이라고 표현했는데, 그는 인간의 영혼 안에 들어 있는 영원성과 종교성이 완전히 충족되어 인간이 영생을 얻고, 영원의 주체이신 하나님을 만나기 전까지는 어느 누구도 진정으로 만족하거나 행복할 수 없다고 가르치고 있다.[1]

그래서일까, 중국 대륙을 최초로 통일한 진시황제도 천하평정이라는 대업적을 이루었음에도 불구하고 만족하지 못하고, 결국에는 불로장생을 위해 '서복'이라는 인물과 함께 수천 명의 동남동녀들을 동방지국으로 보내어 불로초를 구해오게 했다는 역사적인 기록이 있다(기원전 약 219년경). 당연히 불로초는 구하지 못했다. 오히려 진시황제는 수은을 '불로불사'의 약으로 생각하여 잘못 먹고, 그만 50이라는 젊은 나이에 요절하고 말았다.

참 모순적이게도 우주는 '억겁'에 지나는 세월을 존재했음에도 불구하고 영원에 대한 관심이 없지만, 한치 앞도 모를 뿐 아니라 (우주의 역사에 비하면) '찰나'에 불과한 짧은 생애를 사는 인간은 오히려 영원에 대한 염원을 영원히 포기하지 못한다. 물론 그 둘 사이에는 생물과 무생물이라는 존재적인 차이가 있지만, 사실 더 중대한 진리는 우주는 영원을 위해 설계되지 않았고 인간은 영원을 위해 창조되었다는 본질적인 차이점에 있다. 즉 우주는 일시적인 목적을 이루기 위해 유한적으로 창조되었지만, 인간의 영혼은 영원한 목적을 위해 영원적(무한적)으로 설계되고 창조되어 불멸할 뿐만 아니라, 영원을 위해 존재한다는 뜻이다. 이 진리를 설명하기 위해 우리는 우주의 본질과 속성을 좀 더 자세히 살펴볼 필요가 있다.

우주적인 실패

물리학적인 관점으로 볼 때, 우주는 가장 기본적인 네 가지 법칙으로 형성되어 운행되고 있다고 한다. 그중 첫 번째가 '중력'Gravity의 법칙이요, 둘째는 '전자기력'Electromagnetism, 즉 전자와 자기를 다스리는 법칙이다. 나머지 두 가지는 '강력'Strong Force과 '약력'Weak Force이라고 칭하는데, 단순하게 설명하면 하나는 원자를 묶어두는 힘이요,

다른 하나는 원자 안에서 핵붕괴를 일으켜 스스로 소멸되는 힘이라 할 수 있다. 우주 안에 존재하는 모든 물체는 (가장 미세한 입자로부터 거대한 은하계에 이르기까지) 이러한 힘의 지배를 받아 존재하고 운행되고 있지만, 결국은 '약력'에 의해 붕괴되어 소멸되고 만다. 궁극적으로 우주 안에 있는 가장 강력한 힘과 법칙은 모든 만물을 파괴하여, '무'無로 돌리는 '약력'이라 할 수 있다. 즉 온 세상에 존재하는 힘 가운데 스스로 소멸되어 없어지는 힘보다 더 큰 것은 없다는 뜻이다.

이와 같이 온 우주는 '무'로 시작해서 '유'有로 돌아가나 결국은 다시 '무'로 돌아가게 될 것이다. 이러한 우주의 법칙을 우리는 소위 엔트로피Entropy라고 칭하는데, 이 엔트로피는 온 우주와 물질세계를 다스리는 가장 기본적인 법도요, 원리 원칙이라 할 수 있다. 즉 우주 안에 있는 모든 물체는 유에서 무로, 질서에서 무질서로, 생명에서 파멸로 진행되어 결국은 종말을 고하게 된다. 이러한 관점에서 우주의 궁극적인 최후는 공허Emptiness와 소멸Annihilation인 것이다. 이것을 소위 '우주적 실패'라고 칭하는데, 성경은 여러 곳에서 이러한 진리를 증거하고 있다.

하늘과 땅과 우주 안에 있는 모든 것들은 다 부패되어 소멸될 것입니다. 그것들은 다 오래된 옷과 같이 낡아져서 삭아 없어질 것입니다. [2]

온 우주 안에 있는 모든 생명체나 물체가 이렇듯 허무와 썩어짐 그리고 파괴와 소멸의 법칙 아래 있게 된 것은 하나님이 정하신 이치요, 뜻입니다. [3]

우주 안에 있는 모든 피조물들은 스스로 원하건 원치 않건, 하나님이 정해놓으신 '엔트로피'라는 파멸과 허무의 굴레 아래 고통받고 있습니다. 또한 인간은 이러한 '엔트로피'의 굴레뿐만 아니라, 그들 스스로의 허물과 죄로 인해 더 무서운 고통과 저주의 멍에 아래서 신음하고 있습니다. [4]

결론적으로 우리가 눈으로 보고 있는 물질세계, 즉 시간과 공간의 제재를 받고 있는 3차원적 세계는 실패하여 없어지도록 설계되었다는 뜻이다. 즉 실패란 인간세계에만 국한되어 있는 것이 아니라, 우주의 가장 기본적인 법도와 최종 결국Final Destiny을 이루고 있다. 사람은 실패를 해서 망하지만, 우주는 실패를 해서 소멸되어 없어지고 만다. 이 말은 하나님의 창조 그 자체가 불완전하거나 결함이 있다는 뜻이 아니다. 또한 하나님이 실수를 하셨다는 말도 아니다. 다시 말하면 하나님이 설계하시고 조성하신 (현재 우리 눈에 보이는) 3차원적 물질세계는 영원을 위해 만들어진 것이 아니라, 애당초 파괴되어 소멸되도록 만들어졌다는 뜻이다. 그것은 설계의 결함이 아닌 설계의 원래 의도요, 목적이다.

온 우주는 '자체붕괴', 즉 언젠가는 소멸되도록 설계되고 프로그램되어 있다. 그것이 곧 시간과 공간의 제재를 받는 3차원적인 우주의 구조적인 한계다. 우주는 완벽한 시스템이 아니다. 또한 우주는 영원히 지속되도록 만들어지지 않았다. 그러므로 온 우주가 스스로 소멸될 수밖에 없는 것은, 자체적인 결정으로 인한 것이 아니라 오히려 우주를 만드신 창조자의 의도적인 설계의 결과라는 뜻이다.

하지만 대조적으로 인간은 영원을 목적으로 설계된 유일한 창조물이라 할 수 있다. 사람은 하나님의 형상으로 지으심을 입은 만물의 영장이다. 즉 인간은 설계 도면이 그려지기 전부터 이미 '영원'이라는 특성을 염두에 두고 구상되고 설계되어 창조되었다는 뜻이다. 우주는 언젠가 소멸되어 없어지고 만다. 그것이 곧 우주적인 '대실패'이다.

영원을 사모하는 마음

우주는 시간과 공간의 제재를 받고 있는 유한의 세계요, 언젠가는 스스로 파괴되어 없어지고 마는 비영구적인 물체와 공간으로 이루어져 있다. 하지만 그와는 대조적으로 인간은 비록 유한한 육체를 지니고 있지만, 동시에 시간과 공간을 초월한 불멸의 영혼을 지니고 있다. 즉 온 우주 가운데 유독 인간만큼은 '영원한 목적'을 갖고 창조되었다는 뜻이다. 성경은 그러한 진리를 하나님이 '사람들에게는 영원을 사모하는 마음을 주셨느니라'라고 표현하는데 그 '영원을 사모하는 마음', 즉 '영원성'이 인간 내면의 가장 강렬한 욕구요, 본능적인 염원인 것이다. 그 때문에 사람은 누구나 죽기를 싫어하고, 오래 살기를 원할 뿐만 아니라, 더불어 영원히 살기를 원하는 것이다. 당연히 그럴 수밖에 없는 이유가 인간은 영원을 추구하도록 설계되었고, 인간 영혼의 DNA 안에는 '영원을 사모하는 마음' 즉 영원성이 입력되어 내장되어 있기 때문이다.

많은 경우에 인간은 그들의 영혼 안에 이미 입력되어 있는 '영원을 사모하는 마음'을 종교라는 매체를 통해 표출하기도 한다. 즉 인간은 그들 각자 나름대로의 종교를 통해, 그들의 내면 안에 깊숙이 자리잡은 '영원성'을 충족시켜 보려고 시도한다는 뜻이다. 다시 말하자면, 사실상 세상에 있는 모든 종교가 추구하는 최종 목표는 인간의 영혼 안에 있는 영원성을 성취시켜 결국 영생에 이르도록 이끌어 주는 데 있다고 볼 수 있다(우리는 그것을 종교적인 용어로 소위 '구원'이라 칭한다).

반면, 우주나 우주 안에 있는 모든 피조물들 안에는 그런 식의 영원을 사모하는 마음이 없기 때문에, 죽거나 소멸하는 것에 대한 아무런 두려움이나 저항이 없다. 그러한 것들은 그냥 자연의 순리로 받아들여 죽어 없어지거나 스스로 소멸되어 사라지고 만다. 즉 그들은 비록 생존 본능에 의해서 죽지 않으려고 버둥거릴지는 몰라도, 온 세상에 영원히 살고자 하는 개나 고양이는 없다는 뜻이다.

하지만 인간은 그렇지 않다. 사람은 누구든지 죽음을 두려워하고 어떻게 해서든지 좀 더 살아보려고 발버둥친다. 뿐만 아니라 사람이 그렇게 죽지 않으려고 발악하는 원인은 죽음 자체가 두려워서가 아니라, 사실은 '영원'과 '영생'을 포기할 수 없는 인간의 원초적인 본능과 욕구 때문인 것이다. 탈북 여성 이애란 박사님이 쓴 《사람 참 안 죽더라》라는 책을 읽은 적이 있는데, 사람의 경우에는 일주일을 더 살기 위해 천만금이라도 아깝지 않게 내줄 수 있을 만큼, 생명에 대한 애착이 크다.

종교성

인간의 내면세계 또는 영혼의 DNA 안에는 영원성이 입력되어 있을 뿐만 아니라, 더불어 '영원한 존재를 추구하는 갈망', 즉 '종교성'이 내장되어 있다. 성경에 보면 사도 바울은 그의 전도여행 중, 고대 철학과 인본주의 사상의 근원지였던 아테네를 방문하게 된다. 그리고 그곳에서 헬라 철학자들을 향해 인간의 종교성에 대해 다음과 같은 설교를 한다.

아테네 시민 여러분, 내가 보기에, 여러분은 모든 면에서 종교심이 많습니다. 내가 다니면서, 여러분이 예배하는 대상들을 살펴보는 가운데, '알지 못하는 신에게'라고 새긴 제단도 보았습니다. 그러므로 나는 여러분이 알지 못하고 예배하는 그 대상을 여러분에게 알려드리겠습니다. 우주와 그 안에 있는 모든 것을 창조하신 하나님께서는 하늘과 땅의 주님이시므로, 사람의 손으로 지은 신전에 거하지 않으십니다. 또 하나님께서는, 무슨 부족한 것이라도 있어서 사람의 손으로 섬김을 받으시는 것이 아닙니다. 그분은 모든 사람에게 생명과 호흡과 모든 것을 주시는 분이십니다.[5]

그분은 인류의 모든 족속을 한 혈통으로 만드셔서, 온 땅 위에 살게 하셨으며, 그들이 살 시기와 거주할 지역의 경계를 정해놓으셨습니다. 이렇게 하신 것은, 사람으로 하여금 하나님을 찾게 하시려는 것입니다. 사람이 하나님을 더듬어 찾기만 하면, 만날 수 있을 것입니다. 사실, 하나님은 우리 각 사람에게서 멀리 떨어져 계시지 않습니다.[6]

더불어 바울은 로마인들에 보내는 편지 안에서 "하나님을 알 만한 일이 사람에게 환히 드러나 있습니다. 하나님께서 그것을 환히 드러내주셨습니다"라고 증거하고 있다. 즉 하나님은 영원하신 그분의 존재와 속성을 우주 만물과 인간의 내면세계 안에 누구도 부인할 수 없을 만큼 분명하게 계시해주셨다. 또한 인간이 그를 찾기만 하면 누구나 그를 발견하고 만날 수 있는 고성능 '레이더'를 인간의 영혼 안에 설치해주셨는데, 그것이 곧 인간의 '영'의 기능이다. 즉 모든 인간은 그러한 영적 기능을 통해 영이신 하나님을 감지하고 또 예배할 수 있는 종교성을 부여받았다는 뜻이다.

물론 그러한 영적인 기능들이 인간의 타락과 부패의 결과로 말미암아 대부분 파괴되고 감퇴된 것은 사실이지만, 완전히 상실된 것은 아니라고 본다. 바울이 헬라인들에게 "사람이 하나님을 더듬어 찾기만 하면, 만날 수 있을 것입니다. 사실, 하나님은 우리 각 사람에게서 멀리 떨어져 계시지 않습니다"라고 증언한 것과 같이, 누구든지 진정으로 영원한 것과 또한 영원한 존재이신 하나님을 추구하면, 분명 그분을 만날 수 있다.

그래서일까? 세상에 어느 나라와 문화를 막론하고 종교가 없는 민족이나 족속은 없다. 세상에 존재하는 모든 종교의 궁극적인 목표는 사실 도덕이나 윤리적인 것이라기보다는, 오히려 영불변하는 진리를 발견하여 깨달음을 얻는 데 있고, 더 나아가서는 '영원한 존재'의 주체이신 하나님을 추구하고 만나서, 구원과 영생을 얻어 영원히 사는 데 있다고 볼 수 있다.

하나님의 영광

정리하면, 칼빈이 말한 '신적 감각'은 영원성과 종교성이라는 속성을 통해 인간의 내면에 내장되어 있고, 인간은 그러한 영적인 기능들을 통해 하나님을 발견할 수 있을 뿐 아니라 살아 계신 하나님과 관계를 맺고 교제하면서 하나님이 주신 모든 것들을 누리고 즐길 수 있게 된다. 《Into the Wild 야생 속으로》라는 책에 보면, "행복은 오직 나눌 때만이 실제가 됩니다"라는 구절이 나오는데, 세상에 아무리 좋은 것이 있다 할지라도 누군가와 나누지 않으면 아무런 의미가 없다.

이와 같이 영원부터 영원까지 홀로 자존하셨던 하나님은 당신 안에 갖고 계셨던 모든 좋은 것들, (한마디로 표현하자면) '하나님의 영광'을 인간과 나누기 원하셨던 것이다. 또한 그것을 위해 먼저는 인간을 하나님의 형상을 본떠 만드시고, 그분의 속성과 본질을 이루고 있는 영적 생명을 부여하시므로, 인간이 '하나님의 영광'에 동참할 수 있는 특권을 허락하셨던 것이다. 그러므로 '영광'과 '영생' 이두 가지가 하나님이 인간에게 허락하신 최대의 선물이라 할 수 있다. 결론적으로 인간 창조의 궁극적인 목적은 인간이 하나님의 영광에 동참하여, 영원토록 하나님과 함께 그것을 누리고 즐기는 데 있는 것이다.

하지만 바울이 선언한 대로 모든 사람이 죄를 범하므로 '하나님의 영광'에 이르지 못하는 '대참사'가 일어나고 말았다. 즉 인간은 불순종과 반역이라는 대실패와 죄를 범하므로 '하나님의 영광'에 도달하지 못했을 뿐만 아니라, 이제는 하나님의 형상을 입은 영광스런 존재가 아닌, 타락하고 부패된 육적 존재로 전락하고 만 것이다. 그것이 곧 성경이 말씀하는 '하마르티아', 즉 실패 또는 죄의 정의라고 할수 있는데, 인간에게 있어서 가장 '궁극적인 실패'는 하나님이 인간을위해 계획하고 뜻하신 '하나님의 영광'에 도달하지 못한 것이요, 또한 하나님이 인간에게 거저 주시는 구원, 즉 '영원한 생명'을 얻지 못하는 데 있다.

'하마르티아'의 정의는 '원래 의도했던 설계에서 빗나가 목적에 도달하지 못한 것'이다. 그러므로 만일 '영광'과 '영생'을 위해 창조된 인간이 구원을 받아 영생에 이르지 못하고, '하나님의 영광'에 동참하지 못했다고 하면, 그것이 곧 인간의 최대 실패요, 죄라는 뜻이다. 예를 들어서 누에벌레는 평생토록 뽕잎을 갉아먹고 사는 것 자체가 그의 삶의 목적이 아니라, 언젠가 나비가 되어 자유롭게 날아다니며 꽃의 꿀을 먹고 사는 것이 존재의 목적이라 할 수 있다. 하지만 만일 그 누에벌레가 누에벌레로만 살다 죽었든지, 아니면 고치 안에 들어가 번데기가 되어 살다가 죽었다고 하면, 그 누에벌레는 원래 존재의 목적, 즉 나비가 되는 '영광'에 도달하지 못하고, 실패하여 죽어버리고 만 것이다.

같은 원리로, 만일 사람이 영생과 영광을 위해 설계되고 창조되었다 해도, 그 영생을 얻고 하나님의 영광에 참여하여 하나님이 주시고자 하는 모든 것들을 누리고 즐기지 못했다면, 그 사람은 '하마르티아', 즉 실패하고 죄를 범한 것이 된다. 그러므로 인간의 실패와 죄란 도덕이나 윤리적인 차원을 초월해서 한마디로 '영생과 하나님의 영광에 도달하지 못한 것'이라고 볼 수 있다. 사람이 예수님을 믿어 구원을 얻지 못하면, 그것이 곧 인간에게는 최대의 실패요, 죄가 되는 것이다.

"성공이 성공이 아니고, 실패가 실패가 아니다!"

그렇다면 과연 무엇이 진정한 성공인가? 명문대학에 입학하면 성공한 것인가? 돈을 많이 벌고 잘나가면 성공한 것인가? 유명해지고 인기가 있으면 성공한 것인가? 출세해서 권세를 누리면 성공한 것인가? 박사학위를 받고 명예를 얻었으면 성공한 것인가? 설교를 잘하고 교회를 부흥시켰으면 성공한 것인가? 자식 낳아서 잘 키우고 알콩달콩 행복한 가정을 이루어 살면 성공한 것인가? 아니면 도덕과 윤리적으로 흠잡을 데 없는 성인聖人이 되었으면 성공한 것인가?

사실 세상 사람들이 말하는 관점에서의 성공은 참 성공이 아닐 수 있다. 예를 들어서 어느 학생이 명문대학에 입학했다 해도, 온전한 인품과 인성을 갖추지 못했다면, 그는 '인생수업'에서는 실패한 것이다. 또 어느 사업가가 돈을 많이 벌어 갑부가 되었다 해도 가정생활에 실패했으면, 그는 인생의 제일 중요한 것을 잃어버린 것이다. 즉 사람이 사업에 성공하고도 인생에는 실패할 수 있다는 뜻이다. 또한 어느 연예인이 인기를 얻어 세상 모든 사람들의 선망의 대상이 되었다 할지라도 우울증에 걸려 자살했다고 하면, 그는 모든 것을 다 잃어버린 것이다.

어느 영화의 한 장면 중에 "올림픽에서 동메달을 땄다고, 인생에 실패한 것이 아닙니다!"라는 대사가 기억이 난다. 맞는 말이다! 우리는 다른 무엇보다도 인생에 성공해야 한다. 하지만 행여나 인생에 금메달을 땄다 할지라도, 영생을 얻지 못하면 그는 영원히 실패한 것이다. 반대로 누가 인생에 대실패를 했다 치자. 예를 들어 십자가상에서 예수님을 만난 강도나 사람을 죽여 사형 집행 직전에 놓인 흉측한 죄인이라 할지라도, 그가 극적으로 예수님을 믿어 구원을 얻었다고 하면, 그 사람은 영원히 성공한 것이다.

사실 성공과 실패는 종이 한 장 차이다. 사람이 인생의 모든 일에 다 성공했다 할지라도, 하나님의 창조 목적인 '하나님의 영광'에 동참하지 못하면, 그는 궁극적인 실패한 것이다. 하지만 하나님의 경륜이라는 큰 그림, 즉 영원이라는 관점으로 볼 때, 하나님의 영원한 뜻과 목적의 성취라고 할 수 있는 구원을 받아 영생을 얻은 사람은, 인생의 성공과 실패 여부에 상관없이 궁극적인 성공을 했다고 볼 수 있다(물론 이 말은 이 세상에서 아무렇게나 살아도 된다는 의미가 아니다. 사람이 육적, 영적으로 다 성공할 수 있다면 더 바랄 것이 없을 것이다).

결론적으로 진정한 성공은 인생에 성공했을 때이다. 하지만 더 궁극적인 성공은 사람이 '영생'을 얻어 '하나님의 영광'에 동참하는 데 있다.

삶의 우선순위

성경에 보면 예수께서 이런 비유를 하셨다.

비옥한 농토를 가진 어떤 부자가 풍성한 수확을 하자 속으로 '내가 곡식을 쌓아둘 곳이 없으니 어떻게 할까? 옳지! 이렇게 하면 되겠구나. 내 곳간을 헐고 더 크게 지어 거기에 내 모든 곡식과 물건을 쌓아두겠다' 하였고 또 그의 영혼에게 '내 영혼아, 여러 해 쓸 물건이 많아 쌓여 있다. 이제 편히 쉬면서 먹고 마시고 즐겨라' 하였다. 그러나 하나님은 그에게 이렇게 말씀하셨다. '어리석은 사람아 오늘 밤에 네 영혼을 도로 찾아가면 네가 지금까지 쌓아둔 것이 뉘 것이 되겠느냐?'

또한 예수께서 "사람이 만일 온 천하를 얻고도 제 영혼을 잃으면 무엇이 유익하리요? 사람이 무엇을 주고 제 영혼과 바꾸겠느냐?"라고 하셨는데, 만일 사람이 세상의 모든 것들을 다 얻고 성공했다 해도, 자기의 영혼을 잃어버리면 (즉 구원을 받아 영생에 이르지 못하면) 그 사람은 영원이란 관점에서 궁극적으로 실패했다고 볼 수 있다.

물론 이 말은 이생에서의 우리의 삶이 중요하지 않다는 말이 아니다. 다만 인생의 성공과 실패는 어떠한 관점으로 보느냐에 따라 커다란 차이가 있다는 뜻이다. 즉 '육적인 관점이냐 영적인 관점이냐' 또는 '일시적인 관점이냐 아니면 영원이라는 관점이냐'에 따라, 성공과 실패의 여부는 크게 달라질 수 있다. 즉 사람은 육적인 일에는 성공했지만 영적으로는 실패할 수도 있고, 반대로 비록 육적인 일에는 실패했지만 영적으로는 성공할 수도 있다는 뜻이다.

예수께서는 이어서 "자기를 위하여 재물을 쌓아두고 하나님께 대하여 부요하지 못한 자가 이와 같으니라"라고 결론을 내리시는데, 예수님이 보시는 관점에서의 삶의 우선순위는 먼저가 영적인 것이요, 그다음이 먹고사는 것과 결부된 육적인 것들이었다. 육에 속한 것들은 (이미 살펴본 우주의 본질과 같이) 현재 우리 눈에는 보이지만 잠시 잠깐 동안만 존재하다가 결국에는 다 없어지고 마는 허무한 것들이요, 영에 속한 것들은 현재 우리 눈에는 보이지 않지만 영원히 없어지지 않는 영원한 것들이기 때문이다.

최종 결국

《천로역정》의 저자인 존 번연은 만일 어떤 사람이 비록 인생을 살면서 수많은 역경과 환란을 거쳤다 할지라도 천국에 간다고 하면, 천국에 들어가는 즉시, 이생에서 있었던 모든 인생의 파노라마를 마치 '한여름 밤의 꿈'과 같이 다 잊어버리게 될 것이라고 한다. 천국이 이생과 비교할 수 없을 만큼 좋기 때문일 것이다. 그리고 그것은 마치 개구리가 올챙이 시절을 또는 나비가 누에시절을 기억 못하는 것과 같을 것이다. 하지만 그와는 정반대로, 만일 어떤 사람이 인생을 살면서 온갖 부귀영화를 다 누렸다 할지라도 지옥에 간다고 하면, 그는 지옥에 들어가는 즉시, 단 1초 만에 그가 이생에서 즐기고 누렸던 모든 쾌락과 부귀영화를 일장춘몽과 같이 말짱 잊어버리게 될 것이라고 한다. 지옥이 너무나 끔찍한 장소이기 때문이다.

사람에게 진정한 성공과 실패의 여부는 최종 결국Final Destiny이 어떻게 판가름이 나느냐에 따라서 결정되는 것이지, 현재 눈에 보이는 것들로 판단할 수는 없다. 정말 끝까지 가보기 전에는 아무도 모른다는 말이 있듯이 인생을 어떻게 살았는가도 중요하지만, 오히려 생을 어떻게 끝냈느냐 곧 최종 결국이 무엇이 될 것이냐가 더 중요한 관건이 될 수도 있다는 말이다.

　온 우주 가운데 오직 인간만이 영원한 존재로 영원을 위해 창조되었다. 만일 이같이 영원한 존재로 창조된 인간이 천국에 가서 영원히 살게 된다면, 그것이야말로 최종적으로 성공한 것이요, 반대로 만일 지옥에 가서 하나님의 영광과 영원한 생명을 누리지 못한다면 그것이 곧 최종적인 실패라고 볼 수 있다. 우리는 세상에서 비록 어떠한 실패를 했을지언정, 결코 최종적인 실패를 해서는 안 된다. 그것은 다시 지울 수도, 무를 수도, 돌이킬 수도 없는 영원과 결부되어 있기 때문이다. 예수께서 말씀하신 대로, 만일 누가 온 천하를 얻고도 자기 영혼을 잃어버리는 궁극적인 실패를 했다면, 문자 그대로 '세상의 끝!' 즉 모든 것이 다 끝장난 것이기 때문이다.

　결론적으로 모든 인간은 그들이 스스로 원하든 원치 않든, 믿든 안 믿든 상관없이, 천국과 지옥이라는 갈림길에 놓여 있다. 사람이 살아 있는 동안에는 '살 것이냐, 죽을 것이냐'가 최대 관건일지 모르지만, 죽고 나서는 '천국에 갈 것이냐, 지옥에 갈 것이냐'가 최종 관건이 될 것이다. 즉 천국에서 영원히 살든지 아니면 지옥에서 영원히 살든지, 그것이 모든 인생들이 맞이할 최종 결국이다. 그 외에 나머지는 결국 다 없어지고 말 것들이다.

스티븐 호킹 박사의 말대로 온 우주는 빈 공간에 물체로 만들어져 있다. 하지만 97퍼센트가 빈 공간이라고 한다. 즉 눈에 보이는 우주는 다 허상이요, 참 실재가 아닐 수 있다. 내 육신도, 세상도, 우주도 다 무상이다. 지금 우리 눈에는 실재처럼 느껴질지 몰라도, 결국에는 다 스스로 소멸되어 없어지고 말 것들이다. 하지만 인간의 영혼만큼은 영원불멸이다. 하나님이 그렇게 만드셨기 때문이다.

참 성공에 이르는 길

예수님은 "좁은 문으로 들어가거라. 멸망으로 이끄는 문은 넓고, 그 길이 널찍하여서, 그리로 들어가는 사람이 많다. 생명으로 이끄는 문은 너무나도 좁고, 그 길이 비좁아서, 그것을 찾는 사람이 적다"고 하셨다. 많은 사람들이 눈앞에 보이는 '먹음직스럽고, 보암직하고, 탐스러운' 육신의 것들에 종신토록 노예가 되어서 더 잘 먹고, 더 아름다워지며, 더 잘나가고, 더 성공하기 위해 (자신의 영혼을 마귀에게 팔아넘긴 채) 멸망의 문을 향해 치닫고 있다. 하지만 예수님의 말씀대로 사람이 온 천하를 얻고도 자기 영혼을 잃어버리면 모든 것을 다 잃어버린 것이다. 온 천하에 나의 영혼보다 더 귀한 것은 없다!

인간의 영혼은 (잘나고 못나고 또는 성공을 했고 못 했고를 떠나서)

하나님이 친히 뜻하시고 계획하시고 설계하사 하나님의 때에 그분의 영광스런 형상을 본떠 손수 지어주셨기 때문에 귀하다. 뿐만 아니라 '하나님의 영광'에 동참해서 모든 것을 누리고 즐길 수 있는 특권을 허락하셨기에 온 천하보다 더 존귀하다. 더 나아가서 영혼을 불멸로 지어주시고, 그 안에 '영원성'이라는 무한한 가치를 부여하시므로, 영원한 세계로 초청하사 영생을 누릴 수 있는 특권을 허락하셨기에, 인간의 영혼은 온 우주를 주고도 바꿀 수 없을 만큼 소중하다. 주님은 바로 그 영혼을 구원하사 그분의 영광에 동참하게 하시고 또한 나와 당신을 위하여 예비하신 천국에서 함께 영원토록 희락을 누리기를 원하신다.

예수께서 좁은 문으로 들어가라고 말씀하신다. 그 좁은 문이 곧 구원이 문이요, 영생에 이르는 길이다. 성경 다른 곳에 보면, 예수께서 "나는 그 문이다. 누구든지 나를 통하여 들어오면, 구원을 얻고, 드나들면서 꼴(생명)을 얻을 것이다. 나는 양들이 생명을 얻고 또 더 넘치게 얻게 하려고 왔다"라고 말씀하신다. 또한 우리가 잘 알고 있는 요한복음 3장 16절에 보면, 예수께서 "하나님이 세상을 이처럼 사랑하사 독생자를 주셨으니 이는 그를 믿는 자마다 멸망하지 않고 영생을 얻게 하려 하심이라"라고 말씀하신다.

예수께서 구원의 문이요, 영생이시다!
결론적으로 진정한 성공에 이르는 길은,

예수님을 구주로 영접하여 거듭나 새사람이 되고
구원과 영생을 얻는 것이다!
궁극적인 성공과 실패, 당신은 과연 어느 쪽을 택할 것인가?
피할 길 없는 '천국'과 '지옥'이라는 '최종 결국'이
당신 앞에 기다리고 있다!

이제 실패담은
남의 이야기처럼 들리지가 않는다.
실패는
나만의 이야기가 아닌
곧 우리 모두의 사연이기 때문이다.

2
PART

실패의
사연들

3

나의 이야기

성경의 역사는 인류 역사의 축소판이요, 실패의 역사라 할 수 있다. 같은 맥락에서 주제의 초점을 바꿔 개개인의 삶을 조명해봐도 역시 동일한 결론에 도달하게 된다. 즉 우리 개개인의 일생도 결국은 실패의 역사인 것이다.

실패는 내가 원하든 원치 않든 우리 삶 안에 일어날 수밖에 없는 필수요, 필연이다. 우리는 모두 다 실패자들이다. 그러므로 누구든지 실패의 사연이 없는 사람은 없다. 다만 여기서 내 개인적인 실패의 사례를 나누는 의도는 구구한 사연을 늘어놓고 신세타령을 해서 독자들의 동정이나 동감을 얻어내고자 함이 아님을 밝혀두고 싶다. 혹은 내 실패를 변호하거나 정당화해서 미화시키고 떠벌려 자랑하려 함도 아니다. 나는 실패 예찬론자가 아니다. 실패는 한심하고 부끄러운 일이다.

실패는 결국 실패일 뿐이다. 그 이상도 이하도 아니다. 그러므로 실패를 극복하는 가장 좋은 비결은, 먼저 솔직 담백하게 실패를 시인하고, 응당한 대가를 치르고 정산한 후, 앞으로 나아가는 일이다. 즉 모든 것을 홀홀 털어버리고 인생의 다음 단계로 나아가면 된다는 뜻이다.

그래서인지 오늘날 기업에서 채용과정의 하나로 자기 소개서와 함께 개인의 실패담과 이를 통해 얻은 교훈들을 나누게 하는 사례가 늘어나고 있다. 물론 실패의 사연은 사람에 따라 어느 정도 차이는 있을 수 있지만, 내용상으로는 거의 대동소이하다. 즉 나의 실패의 이야기가 곧 당신의 이야기요, 당신의 실패 이야기가 곧 나의 이야기가 될 수 있다는 뜻이다.

학업에 실패했을 때

나는 열다섯 살이 되던 해인 1973년에 한국에서 중학교를 마치고 부모님을 따라 미국으로 이민을 갔다. 당시 아버지가 하시던 사업이 망해서 도피하다시피, 다섯 식구가 단돈 1천불을 쥐고 아무 연고도 없는 로스앤젤레스에 맨땅에 머리 박기 식으로 떠난 이민이었다. 이민을 간 지 불과 2년 반 만에 아버지가 갑작스런 병으로 돌아가시는 바람에 나는 졸지에 집안의 가장이 되어서 주유소, 편의점, 맥도날드, 이삿짐 나르기, 보험판매원, 은행원, 가정교사 등 정말 안 해본 아르바이트가 없을 만큼, 막일을 해가며 학창 시절을 보내야만 했다.

고등학교 재학 시절 중에는 낯선 미국생활과 문화에 적응하지 못해서, 학교에서 싸움질을 하다가 퇴학을 당하는 인생의 쓴맛을 보기도 했다. 그 후 우여곡절 끝에 UCLA 캘리포니아대학교 로스앤젤레스에 입학해서 전자공학을 공부하게 되었지만, 그것도 오래가지 못하고 대학생활 내내 록 콘서트, 디스코 파티, 마약과 도박 등 온갖 타락과 방탕을 일삼다가 결국에는 대학 2학년을 넘기지 못하고 학점 미달로 퇴학을 맞는 인생의 첫 번째 대실패를 체험했다.

당시 받았던 충격이 얼마나 컸던지 오늘날까지도 몸이 많이 피곤하거나 힘들면 퇴학을 당하는 악몽을 꾸곤 한다. 지금도 누가 퇴학을 맞았다거나 학업에 실패했다는 말을 들으면 남의 일처럼 들리지가 않는다.

학업의 실패는 그 사람의 자존감을 송두리째 무너뜨릴 수 있다. 나의 경우에 퇴학당한 사실이 너무나 참담하고 창피해서, 반 년 이상을 '가짜 학생'으로 등교를 하면서 퇴학 사실을 은폐하려 했고, 극심한 좌절감으로 인해 자살 시도를 할 정도로 심각한 정신적 괴로움에 시달려야만 했다.

벌써 10년 전쯤(2007년)의 일이지만, 남가주 지역에 사는 한인 여학생 한 명이 8개월 가까이 스탠포드대학교에서 청강과 시험공부는 물론 기숙사 생활을 하는 등 거의 완벽하게 가짜 대학생 행세를 하다가 들통이 나 미주지역에 물의를 일으킨 일이 있다. 2015년에는 한 여학생이 하버드와 스탠포드 대학에 동시 입학은 물론 두 학교를 2년씩 다닌 뒤 졸업학교는 선택할 수 있는 파격적인 제안을 받았다는 기사가 한창 매스컴을 타다가, 결국에는 사기극에 불과했음이 드러나기도 했다.

많은 사람들은 "도대체 어떻게 그런 일들이 일어날 수 있을까?"라고 의아해하지만, 고등학교와 대학교를 한 번씩 퇴학당해본 경험이 있는 나에게는 그러한 상황들이 충분히 이해될 뿐만 아니라, 오히려 '오죽했으면!'이라는 안타까운 동정의 마음이 앞설 때가 있다.

사람들이 흔히 한국에는 5대 종교가 있다고 한다. 그것은 불교, 기독교, 유교, 이슬람교와 제일 센 '대학교'라고 한다. 2012년 통계청 조사에 따르면 10-19세 청소년의 자살 이유 1위가 '성적, 진학'이었다. 극심한 입시 스트레스와 성적을 비관해서 자살하는 아이들이 많다는 것이다. 이러한 일들은 학벌과 학력을 위주로 하는 병적인 사회제도, 학부모의 과잉 교육열과 허황된 기대감, 명문대학교에 입학해야만 성공한 인생이라는 그릇된 가치관 그리고 부모님과 다른 사람에게 인정받고 싶은 자녀들의 왜곡된 자존감과 열등의식이 빚어낸 현대판 비극이라 할 수 있다.

물론 그 당시에는 나 자신도 하늘이 무너지는 듯한 좌절감 속에서 악몽의 시간들을 보냈지만, 세월이 지난 후 깨달은 것은 그것이 세상의 끝이 아니었다는 사실이다. 오히려 나는 두 번의 퇴학이라는 인생의 실패와 좌절로 인해 예수님을 믿게 되었고, 그 실패의 결과로 말미암아 타락과 방탕의 생활을 완전히 떨쳐버리고, 신앙생활을 시작하는 계기를 얻게 되었다. 그 후 주님의 은혜로 기적적으로 6개월 만에 UCLA에 재입학해서 학업을 잘 마치고 좋은 직장도 얻게 되었다.

학업에 실패했다고 실망하거나 좌절하지 말라. 절대 포기하지 말라. 이것이 세상의 끝이 아니다! 진정한 실패는 실패 그 자체가 아니라, 당신이 포기했다는 사실에 있다!

가정에 실패했을 때

나는 43년 동안의 미국 이민생활 가운데 단 한순간도 평탄한 삶을 살아본 적이 없을 만큼 죽을 고비도 많이 넘겼고 안 겪어본 일이 없이 산전수전에 공중전까지 거치면서 수없이 많은 역경과 실패 그리고 인생의 좌절을 체험했다. 인생의 구구한 사연들을 늘어놓자면 한이 없다. 불법으로 자동차 경주를 하다가 차가 뒤집혀 죽을 뻔한 일, 마약을 하다가 약물 과다복용으로 죽을 뻔한 일, 권총 강도를 만나 죽을 뻔한 일 등.

하지만 인생의 어떠한 역경과 실패도 가정이 깨지어는 비극에 비하면 아무것도 아니라는 생각이 든다. 누구에게나 이혼은 단연코 일생일대의 최대 실패라 할 수 있겠다. 물론 나의 경우는 신분이 목사였기에 더 치명적이었는지도 모르겠다. 이혼을 한 지 어느덧 10

여 년이 지난 오늘날까지도, 고통과 수치심과 죄책감이 좀체 사그라들지 않는다. 특별히 이혼이 '사회적 죽음'으로 여겨지며 금기시되는 한국 사회 안에서, 이혼한 사람들은 이유를 막론하고 마치 나다니엘 호손의 소설 《주홍글씨》의 주인공 헤스터가 간음한 연고로 'A'자 낙인을 달고 다녔듯이, 평생토록 'D'^{Divorce}라는 낙인을 가슴에 붙이고 살아야 할 것 같다. 모든 실패에는 대가 지불이 따르는데, 아마도 그것이 이혼한 사람들이 치러야 할 첫 번째 대가 지불인 것 같다.

2015년 통계청 자료에 의하면 우리나라의 '조^粗이혼율'(인구 1천 명당 이혼 건수)은 2.1건이다. 2008년은 2.6건이었는데 이는 조사된 38개의 OECD 회원국 중 9위였다. 그러나 사실 그것은 겉으로 나타난 통계자료일 뿐, 부부라는 명목으로 같이 살기는 하지만 실상은 이혼한 것과 마찬가지인 명목상 부부, 한 지붕 아래 살고 있지만 몇 년이 지나도록 다정한 대화 한 마디 해본 적이 없는 벙어리 부부, 각자의 삶이 바빠서 밥도 같이 제대로 먹지 못하는 유령 부부, 깨알이 쏟아지는 것 같았던 신혼 기간을 빼놓고는 섹스가 무엇인지조차 기억 속에서 사라져버린 섹스리스 부부, 부부 사이의 사랑과 정이 다 떨어져버렸지만 자식이나 여러 이해관계에 얽히고설켜 서류상 도장만 찍지 않았을 뿐이지 실상은 이혼한 것과 다름없는 무늬만 부부, 이제 도저히 어떻게 할 수 없는 막다른 골목까지 다다라서 모든 것을 체념한 채, 그냥 갈 때까지 가보자는 식의 막가파 부부 등 모든 비정상적인 부부들까지 통계에 포함시킨다면 전체 부부 중 최소한

반 이상은 이미 이혼한 상태에 있다고 볼 수 있다.[1]

물론 모든 결혼생활이 깨가 쏟아지듯이 행복해야만 정상이라는 뜻은 아니다. 또한 이러한 비정상적인 부부 관계가 다 잘못되었다거나 아니면 이런 상태에 있는 부부들은 다 이혼해야 한다는 뜻도 아니다. 현재 부부 관계의 상황이나 상태가 어떻든지 간에 이혼하지 않고 끝까지 부부로 산다는 것은 극히 다행스런 일이다.

표면상 아무리 행복하게 보이는 부부라 해도, 그 집 안방에 들어가 같이 살아보기 전까지는 부부의 금실이나 관계의 진상을 알 길이 없다. 그래서일까? 우리는 간혹 모든 사람들의 선망의 대상이었던 연예인이나 유명 잉꼬부부가 갑자기 이혼을 해서 충격을 받을 때가 있다. 사람들에게 잘 보이려고 겉으로만 쇼윈도 부부 행세를 해왔지만 실상은 그렇지 않았던 것이다.

성경에 보면 "마른 떡 한 조각만 있고도 화목하는 것이 제육이 집에 가득하고도 다투는 것보다 나으니라"라는 말씀이 있다. 아무리 모든 좋은 배경과 여건을 갖춘 선남선녀라 할지라도, 남녀가 만나 부부의 연을 이루어 행복한 가정과 부부생활을 누리는 커플이 과연 몇이나 될까 하는 생각이 든다. 물론 신앙을 갖고 있는 경우는 좀 더 낫겠지만, 종교인들의 이혼율이 믿지 않는 사람들의 이혼율과 거의 비등한 것을 볼 때, 꼭 그렇지만은 않은 것 같다.

이혼의 사유들

현대인들이 이혼을 하는 데는 여러 가지 사유가 있지만, 그중에 몇 가지를 뽑는다면 성격 차이, 성장 배경과 문화의 차이, 경제적인 이유, 배우자의 외도, 학대, 폭력, 성적인 불화합, 종교의 차이 등이 있을 것이다. 그중에 통계상으로는 안 나타나 있지만 단연 제일 중요한 이슈는 '마음이 안 맞는 것'이 아닐까.

성경에 보면 "두 사람이 뜻이 같지 않은데 어찌 동행하겠으며"라는 말이 있는데, 부부의 마음이 맞지 않으면 매일 싸우는 일밖에 없다. 사실 결혼이라는 것은 일심동체, 즉 부부가 마음이 하나가 되고 몸이 하나가 되어, 한 이불을 덮고 한솥밥을 먹는 식구가 되는 것이다. 그런데 현대인들이 외모, 학벌, 재산, 직장 등 비본질적이고 피상적인 조건과 배경에만 신경을 쓸 뿐, 정작 마음이 하나되는 조건은 등한시하기 때문에, 아예 시초부터 잘못될 수 있다. 결혼이라는 것은 마음이 하나가 된 두 사람이 한 몸을 이루어 사는 것이니 만큼, 우선은 서로의 마음이 하나가 되어야 하고, 서로 좋아해야 하며, 서로 사모하고 존중할 수 있어야 하고, 서로의 취향과 체질과 영적세계(또는 정신세계) 그리고 삶의 목적과 철학이 맞아야 한다.

부부의 마음이 맞지 않으면 의사소통이 제대로 이루어지지 않고, 사사건건 의견 충돌과 다툼이 일어나게 된다. 또한 그러한 다툼이 서로에게 상처를 주게 되고, 결국에는 마음의 문이 닫혀 부부 사이에 금이 가고, 관계가 두절되고 만다. 그리고 작은 금들이 큰 균열을 이루듯이 잔 싸움이 큰 싸움으로, 큰 싸움이 별거로, 별거가 파경에까지 이어지게 된다.

단순한 사회구조를 이루고 있던 시절만 해도 부모님이 짝지어주신 (아니면 선을 봐서 만난) 사람과 '부부싸움은 칼로 물 베기'라는 식의 단순한 결혼관을 갖고 결혼해서 그럭저럭 알콩달콩하게 살 수 있었다. 그러나 지금은 시대가 달라졌다. 이제는 모든 조건을 다 갖추고 하물며 마음과 육체가 하나가 되어 일심동체를 이룰 수 있는 딱 맞는 사람을 만났다 할지라도, 행복한 결혼생활이 위협받는 복잡하고 험악한 시대에 살고 있는 것이다.

'8체질학'을 창시한 권도원 박사님의 말에 의하면, 자연세계에 있는 모든 동물들은 각자 자기에게 꼭 맞는 짝들을 찾는데, 유독 만물의 영장이라고 하는 사람만큼은 다들 제짝을 제대로 찾지 못해 불화와 갈등 가운데 살아가고 있다고 한다. 뿐만 아니라, 부부가 서로 '체질'이 잘 맞으면 물 한 잔에 마른 빵조각 하나를 놓고도 행복하게 살 수 있지만, 체질이 잘 안 맞는 경우에는 서로 '꼴'도 보기 싫어할 뿐 아니라, 세상의 모든 것을 다 갖고 온갖 부귀영화를 다 누린다 해도, 분쟁과 다툼이 끊이지 않아 생지옥에 사는 것과 같다고 한다. 그러나 성격이나 체질이 안 맞는다고 해서 다 이혼을 해야 한다는 뜻이 아니다. 만일 이 모든 것들을 다 따진다면 이 세상에 이혼하지 않을 사람이 누가 있겠는가?

전 세계에서 가장 큰 기독교 단체요, 또한 가장 보수적이라고 하는 미국 남침례교단의 총회장을 두 번이나 역임하고, 현재 미국에서 가장 존경받은 영적 지도자 가운데 하나로 꼽히는 찰스 스탠리 목사는 오랜 기간 가정 문제로 갈등하다가 결국 60세가 넘어서 이혼했다. 그는 자신의 모든 명성과 업적, 현재 진행중인 목회 사역 그리고 자녀들의 결사반대와 수많은 사람들의 권고에도 불구하고 이혼하여 2000년도 당시 미국에서 톱뉴스와 사회적인 이슈로 대두된 적이 있다. 내막은 잘 모르지만 그토록 영적, 도덕적으로 흠잡을 데 없는 덕망 있는 목회자가 '오죽했으면 이혼을 했을까?'라는 생각이 든다(현재 찰스 스탠리 목사는 재혼하지 않겠다는 전제하에 목회 사역을 계속하고 있다).

성경 다른 곳을 보면 "다투는 여인과 함께 큰집에 사는 것보다 움막에서 혼자 사는 것이 나으니라", "다투는 여자는 비 오는 날에 이어 떨어지는 물방울이라"는 말씀이 있는데, 정말로 악처가 있을까? 구약성경에 나오는 욥의 아내는 하루아침에 모든 자식과 재산을 다 잃어버리고 무서운 악창에 걸려 길바닥에 알거지로 나앉은 욥을 향해, "하나님을 저주하고 죽으라!"는 혹독한 말을 남김으로써, 인류 역사상 최대 악처라는 악명을 얻게 된다. 하지만 칠십인역 성경에 보면 같은 구절이 조금 다른 관점으로 번역되어 있음을 알 수 있다.

많은 시간이 흐른 후에 욥의 아내는 말하였다. '구원의 소망을 바라는 당신은 조금만 더 기다려보라고 하는데 정녕 얼마나 더 기다려야 한단 말입니까? 여보 보세요! 내가 수고하여 낳은 아이들은 이 땅에서 기억도 없이 사라져버렸어요! 당신은 바깥에서 밤을 지새며 악창으로 고생하고 있고 나는 이집 저집 일거리를 찾아 헤매며 돌아다니고 있습니다. 하루 종일 일을 하면서도 언제나 해가 떨어져서 이러한 수고로부터 벗어나 쉬려나 그저 한숨만 나올 뿐입니다. 당신도 이제 청승 그만 떨고 하나님께 욕이나 한번 시원하게 해보고 콱 죽어버리세요!'[2]

욥의 아내의 고충이 충분히 이해가 된다. 사실 여자는 남자보다 훨씬 더 실제적이요, 실질적이다. 그러므로 욥의 아내는 우리가 흔히 생각하는 것과 같이 매정하고 불손한 말을 한 것이 아니라, 현실에 입각해서 사리에 맞는 말을 했던 것이다. 결론은 누구든지 나와 안 맞으면 악처가 될 수 있다. 즉 부부 관계에 있어서는 진정한 악처는 없을 뿐 아니라 누가 누구를 탓할 수도 없다는 뜻이다. 같은 원리로 세상에는 '악부'도 없다. 많은 경우에 우리는 부부가 서로 반반씩(최소한 50퍼센트씩) 잘못해서 이혼하는 것으로 착각할 수 있는데, 실상은 전적으로 내가 100퍼센트 잘못해서 이혼하는 것이다!

〈내가 왜 결혼했을까?Why did I get married?〉라는 영화에 보면 '80대 20'이라는 관계의 법칙이 나온다. 즉 부부를 포함한 모든 관계에 있어서, 우리는 어느 누구에게서도 80퍼센트 이상의 충족감이나 만족감을 얻을 수 없다. 그런데 만일 어떤 사람이 나타나 내게 부족한

20퍼센트를 채워줄 수 있다면, 많은 사람들은 그 20퍼센트의 유혹에 못 이겨, 현재 80퍼센트를 충족시켜주고 있는 배우자를 버리고, 나머지 20퍼센트를 충족시켜줄 사람을 따라간다는 것이다. 하지만 결국에 가서 그 사람에게 남은 것은 80퍼센트가 아닌 20퍼센트이기 때문에, 막대한 관계의 손해를 보게 되고 엄청난 후회와 허탈감에 빠지게 될 것이라는 이론이다. 언젠가 연세가 지긋하신 노인 한 분이 "결국은 그놈이 그놈이요, 그년이 그년이더라!"라고 말씀하는 것을 들은 적이 있다. 한 마디로 온 세상에 나의 모든 것을 충족시켜줄 배우자는 없다는 사실을 기억하자.

자아보호 본능

앞서 살펴본 대로 인간의 속성 안에는 자아라는 괴물이 도사리고 있다. 또한 죄성으로 물들어 있는 자아의 속성은 지극히 자기중심적이고 자기숭배적이다. 즉 모든 인간은 자기밖에 모르고 자기만 사랑한다는 뜻이다. 그것이 인간의 가장 고질적인 죄성 중 하나이기 때문에 인간은 어느 누구나 어려운 역경이나 곤경에 처하게 되면, 무슨 방도를 써서라도 먼저 자신을 보호하고 또 어떻게 해서든지 그 상황을 벗어나보려는 '자아보호 본능'Ego Protection Nature이 작동하게 된다. 많은 경우 부부간에 문제가 생기면, 무의식적으로 자아보호 본능이 작동해서, 당사자들은 '나부터 살고 보자!'라는 식의 헤어날 수 없는 감정의 함정에 빠지게 된다. 물론 막상 그 상황을 벗어났다고 해서 모든 문제가 다 해결되거나 당장 행복이 찾아오는 것은 아니다. 하지만 뒤틀린 인간의 자아는 어떻게 해서든지 그 상황을 벗어나려고 온갖 수단과 방법, 모든 핑계를 다 동원할 것이고, 생지옥 같은 현실을 벗어나기 위해 발버둥을 칠 것이다.

사실 이혼은 그 자체보다도 과정이 더 고통스럽다. 정말 이혼이 이토록 고통스러운 것인 줄 알았더라면 결혼 자체를 안 했을 것이라는 사람도 있다. 사실 결정적인 고비만 넘길 수 있다면 대부분 이혼은 피할 수도 있는데, 많은 사람들은 결국 그 고통스런 순간과 상황을 이기지 못해서 이혼을 하고 마는 것이다.

핑계 없는 무덤이 없다고 스스로 합리화시켜 놓은 이혼의 사연이 없는 사람이 누가 있겠는가? 나는 중국인漢族과 국제결혼을 했다. 성격 차이도 있었지만 특별히 문화적인 갈등이 심화되어 결혼 초기부터 티격태격 다투기 시작했다. 시간이 지날수록 밑도 끝도 없이 지지고 볶는 싸움이 끊임없이 계속되었고 날이 갈수록 상처와 갈등의 골은 깊어만 갔다. 그러다 한계점에 다다라 정말 이건 아니라는 생각이 들었다. 어떠한 대가를 지불한다 해도 더는 이렇게 살 가치가 없다는 생각이 들기 시작했다. 즉 잠재의식 안에서 자기 자신만을 위하고 보호하려는 자아보호 본능이 작동하기 시작했던 것이다.

뿐만 아니라 상황이 더 나아질 것 같지 않다는 절망감이 들기 시작했고, 빨리 이 악몽 같은 상황과 환경을 벗어나고 싶다는 생각만

들었다. 그러면서도 이율배반적으로 들리겠지만 내가 먼저 이혼을 하자는 말은 도저히 꺼낼 수가 없었다. 더 솔직히 말하면 지극히 비굴한 착상이었지만, 행여나 나중에라도 '당신이 이혼을 하자고 해서 했다'는 식의 이혼에 대한 도덕적인 책임을 내가 떠맡고 싶지 않았다.

어떻게 해서든지 상대방에게 책임전가를 할 수 있는 출구를 만들어 놓아야겠다는 속셈에 끝끝내 내 스스로는 "이혼하자"라는 말을 꺼내지 않았다. 그냥 상대편이 알아서 이혼해주기를 은근히 바랐다. 또 은연중에 '나는 행복해야 할 권리가 있다', '하나님은 내가 행복하기를 원하신다'라는 식의 이혼을 정당화하려는 야비한 생각들이 슬며시 고개를 들기 시작했다. 물론 이러한 모든 심리작용들은 그 당시에는 나 스스로도 전혀 인식하지 못했고, 대부분이 잠재의식 속에서 일어났는데, 한참 시간이 흐른 후에야 스스로 깨닫게 되었다.

자아의 위장전술은 간교하고 비굴하고 사악하다. 실상은 이혼을 원하면서도 이혼에 대한 책임을 떠맡고 싶지 않은 '심보'에, 나는 의도적이었든 무의식적이었든 간에 부부의 갈등을 심화시켜서 결국에는 상대편이 먼저 이혼을 하자고 할 수밖에 없도록 상황을 몰아가고 있었다. 즉 상대방을 더욱더 악처와 독종으로 만들어 나의 의도를 정당화하려 했고, 또한 그런 식으로 교묘하게 책임을 전가해서 나의 내면세계 안에서 소리치고 있는 양심의 소리마저도 무마해보려는 교활하고 비겁한 자아의 위장전술을 썼던 것이다.

그런 식으로 몇 년 동안 신경전을 벌이다가 어느 날, 상대편에서

지쳤던 것 같다(물론 나도 탈진 상태였다). 아내가 이혼장을 갖고 와서 "나는 당신을 도저히 이해할 수가 없습니다. 그러므로 당신이 하고 싶은 일을 하도록 당신을 놓아드리고 싶습니다"라는 두 마디 말을 남기고, 도장을 찍어달라고 했다. 결국 우리는 합의이혼을 하게 되었다.

십자가 앞에 나아가다

2007년에 이혼을 했다. 이혼을 하고 나니 우선은 살 것 같았다. 처음 몇 년간은 나름대로 자유함을 누릴 수 있었다. 행복한 가정을 이루어보고 싶다는 포기할 수 없는 염원에 자매들과 교제를 하기도 했다. 그런데 그것도 내 마음대로 되지 않았다. 먼저는 어린 두 자녀들이 마음에 걸렸다. 비겁해서인지 졸렬해서인지 도저히 '가족'을 버리고 떠날 용기가 없어서, 이혼한 날부터 오늘날까지도 전처와 자녀들이 사는 집 마당에 캠핑카를 세워놓고 그들과 같이 생활하고 있다. 그러면서도 끝끝내 '나도 행복한 가정을 이루어 행복하게 살 권리가 있다'라는 식의 권리 주장과 행복의 추구에 대한 욕망과 망상은 저버릴 수가 없었다.

그러던 2012년 봄, 나는 곤고한 심령을 안고 순회선교단 김용의 선교사님이 인도하는 '복음학교'Good News School에 참석하게 되었다. 그리고 드디어 그 집회를 통해 나의 흉측하고 추악한 자아의 실체를 보게 되었고, 모든 허황된 망상들이 다 박살나는 체험을 하게 되었다.

사실 그때까지만 해도 나는 나의 모든 것을 주님께 다 바쳤고 오직 주님만을 위해 살아왔다고 스스로 굳게 믿어왔다. 그런데 집회 기간 중 발견한 사실은 비록 그것이 나의 최선이었을지는 몰라도 실상은 99퍼센트만을 드린 것이고, 진정 나의 중심은 육신적인 욕망에 있었다는 사실을 알게 되었다. 나의 삶의 모든 초점, 내가 끝끝내 내려놓지 못하고 포기할 수 없었던 마지막 1퍼센트는 '행복한 가정을 이루어 행복하게 살고 싶다'라는 것이었다. 예수께서 "네 보물 있는 그곳에는 네 마음도 있느니라"라고 말씀하셨는데, 현재 내 마음을 사로잡고 있는 1퍼센트가 나머지 99퍼센트보다 더 중요할 수 있다는 뜻이다. 또한 "내가 쉽게 드릴 수 있는 것을 드리는 것은 절대 헌신이 될 수 없다. 내가 드릴 수 없는 것을 드리는 것이 진정 참헌신이다"라는 강사님의 말씀이 불방망이처럼 내 심령을 강타했다.

집회가 끝날 무렵 기도하는 시간에 나는 더 세밀하고 분명한 주님의 음성을 들을 수 있었다(물론 하나님이 육성으로 말씀하셨다는 것이 아니라 내 마음 안에 그러한 감동이 왔다는 뜻이다).

"네가 이 세상에서 얻고 싶은 것 다 얻고, 갖고 싶은 것 다 갖고, 누리고 싶은 것 다 누리기 원하면, 도대체 천국엔 왜 오니?"

연이어 주님은 엑스레이로 폐부를 찍듯이, 그분의 불꽃같은 눈으로 나의 심령과 양심을 속속들이 감찰하시면서, 두 번째 말씀을 하셨다.

"너는 네가 이혼을 한 이유를 성격 차이다, 문화적인 갈등이다, 악처를 만났다, 영적으로 안 맞았다는 등 온갖 구차한 이유들을 둘러대어 너의 이혼을 변호하고 정당화하려고 했다. 뿐만 아니라 너는 '나는 이혼이라는 역경과 트라우마를 통해 오히려 더 영적으로 성숙한 사람이 되었습니다'라는 식으로 떠벌려서 사람들에게 인정을 받기 원했지만, 실상 네가 이혼을 한 진정한 동기는 결국 너의 '육신의 정욕'과 '자아의 욕구'를 충족시켜줄 수 있다고 생각하는 더 '나은' 사람을 얻고자 함이 아니었더냐! 너는 컴퓨터를 업그레이드하듯이 네 아내를 업그레이드해서 갈아 치우려 했던 것이 아니었느냐!"

벼락이 치는 것과 같은 주님의 호통소리에 나는 그만 그 자리에 꼬꾸라지고 말았다. 주님의 모든 말씀은 전부 다 진리요 사실이었기 때문에 단 한마디도 변명할 여지가 없었다. 그간 온갖 고상한 핑계를 다 둘러대어 나의 이혼을 정당화하려 했고, 온갖 위선과 가식으로 나의 사역을 꾸미고 포장했지만 주님은 단지 몇 마디 말씀으로 타락하고 부패된 나의 병든 자아와 무의식의 세계 속에 꼭꼭 숨겨두었던 숨은 동기들을 하나도 남김없이 적나라하게 드러내놓으셨다. 정말 인정하고 싶지 않았지만 주님의 말씀은 나의 영혼의 골수를 찔러 쪼개는 진리의 말씀이요, 양심에 손을 얹고 볼 때 도저히 부인하거나 한마디 변명의 여지가 없는 완전무오한 말씀이었기 때문이다.

그 순간 나는 "으악!" 소리를 지르면서 그 자리에 폭삭 꼬꾸라져 내 일생일대에 가장 처절한 회개를 하며 십자가 앞에 나아가 뒹굴 수밖에 없었다. 마치 성경에 나단 선지자가 다윗 왕 앞에 나아가 "당신이 바로 그 살인자입니다!"라고 했을 때, 다윗이 꼬꾸라져 뒹굴었듯이 나도 두 손 두 발 다 들고 주님 앞에 나아가 나의 죄를 자복하고, 가슴을 치며 통회하는 시간을 가졌다. 더불어 그 자리에서 나의 괴물같이 추악한 자아가 십자가에 못 박혀 죽는 체험도 하게 되었다.

십자가를 체험한 이후, 나는 행복을 누려야만 한다는 망상, 좋은 사람을 만나서 행복한 가정을 꼭 한번 이루어봐야 한다는 식의 지극히 당연하다고 생각해왔던 나의 권리 그리고 내가 절대 포기할 수 없다고 고집해왔던 나만의 그 '1퍼센트'를 포기할 수 있었다! 이제는 아무 다른 생각이 없다. 만일 주님의 뜻이라면 좋은 사람을 만나 재혼할 수도 있겠지만, 그리 아니하실지라도 아무 상관이 없다. 아니 오히려 할 수만 있다면 '혼자 있는 것이 좋다'고 하신 사도 바울의 말씀대로 남은 생을 주님의 복음을 전하며 혼자 살고 싶다.

물론 이 말은 이혼한 사람들은 다시는 행복을 추구해서는 안 된다는 뜻이 아니다. 하나님은 우리에게 항상 두 번째 기회를 주실 뿐만 아니라 우리가 행복한 가정을 이루어 기쁘게 살기를 원하신다(여기에 진술한 사례들은 어느 누구에게나 적용할 수 있는 일반적인 개념이나 체험이 아닌 나 자신의 주관적인 관점과 체험에 불과함을 상기시키고 싶다).

다만 두 번째 결혼이 약 65퍼센트, 세 번째가 약 75퍼센트 이상

실패로 끝난다는 사실을 염두에 두고 재혼의 문제는 아주 신중하게 다루어야 한다고 본다. 바울의 권면을 받아들여 '오직 주 안에서만' 하는 것이 바람직할 것이다. 그리고 다시 한 번 기억하자. 가정의 실패가 아무리 절망적이고, 참담하다 할지라도 세상의 끝은 아니다! 이혼 뒤에도 (물론 응당한 대가 지불이 따르겠지만) 당신은 행복할 수 있다. 부부 관계나 가정에 문제가 있다고 쉽게 좌절하거나 포기하지 말라. 하나님의 도우심을 구하라. 하나님이 당신의 가정을 회복시켜주실 것이다!

하나님은 공평하시다

결론을 내리자면 다음과 같다. 부부 관계가 행복한 것은 분명 하나님이 주신 축복의 결과이다. 하지만 혹 행복하지 않다 해도 그것마저도 하나님의 뜻이라고 볼 수 있다. 성경에 '너는 너의 날 너의 아내와 즐겁게 살라. 이것이 너의 분복'이라는 말씀이 있는데, 가정이 행복한 것은 하나님이 누리고 즐기라고 주신 것이니, 주님께 감사하고 즐기면 된다. 그러나 행복하지 않은 것도 가정의 불화를 통해 예수님을 만나고 진리를 추구하라고 주신 것일 수 있기 때문에, 하나님의 섭리를 수용하여 받아들이고 감사하면 된다. 다시 말하면 행복한 자는 자기가 스스로 잘나거나 무엇을 잘해서 행복한 것처럼 자랑하지 말고, 가정이 불행한 자는 어려운 역경과 환경 안에 선하신 하나님의 뜻과 섭리가 숨겨져 있음을 깨닫고, 겸손하게 자기에게 닥친 환경을 주님이 주신 십자가로 받아들이고 순종하며 나아가면 된다는 뜻이다.

우리가 아는 바대로 가정생활이 불행했다고 전해지는 소크라테스는 역경을 딛고 인류 역사상 가장 위대한 성인 중 하나가 되었고, 링컨 대통령은 미국에서 가장 존경받는 인물이 되었으며, 톨스토이는 러시아의 최고 문호가 되었다. 영국의 존 웨슬리는 가정불화로 아예 집에 들어갈 생각을 못하고 대신 말을 타고 전 영국을 돌아다니며 복음을 전해서 서구사회의 역사를 바꾼 위대한 종교 개혁자가 되었다. 이러한 분들은 가정이 불행했지만 자기가 하는 한 가지 일에 깊이 몰두하여 인생의 도를 깨치고, 성공했다. 가정이 행복한 자는 행복한 대로 축복하시고 가정이 불행한 자는 불행한 대로 쓰셔서 큰일을 이루기 원하신다. 하나님은 지극히 공평하시다!

4

나는 실패자입니다

나는 학업에 실패했고, 가정에 실패했고, 자녀교육에 실패했고, 대인관계에 실패했고, 재정과 사업에 실패했고, 직장과 사역에 실패했고, 육적, 정신적 건강에 실패했고, 신앙생활에 실패했고, 도덕에 실패했고, 인격에 실패했고, 인생에 실패를 한 총체적인 실패자이다!

이제 실패담은 남의 이야기처럼 들리지가 않는다. 실패는 나만의 이야기가 아닌 곧 우리 모두의 사연이기 때문이다.

깨어진 꿈

나의 MBTI 유형은 ENFP이다. 외향적인 성향을 갖고 있고, 직관과 기분 그리고 통찰력으로 사는 사람인데, 창의력과 지도력이 발달되어 있어 미래 지향적이요 사업을 적극적으로 추진하는 반면, 판단력과 인내력이 부족해서 쉽게 좌절하고 일을 끝까지 성사시키지 못하는 경향이 있다고 한다. 그래서였을까? 사역의 전성기였던 2005년에 이민 차세대들을 위한 멋진 비전과 꿈을 갖고 있었지만, 교인의 절대다수가 동의했음에도 불구하고 소수의 반대에 부딪혀 결국은 프로젝트가 무산되고 마는 아픔을 겪었다.

20여 년에 걸쳐 승승장구하며 잘나가던 나의 목회 이력에 첫 번째 제동이 걸린 것이다. 뿐만 아니라 분에 넘치는 행복한 비명이라고 할 수 있겠지만, 교인의 숫자가 늘어날수록 나는 그들을 제대로 돌보지 못하는 삯꾼 목자라는 회의가 들기 시작했다. 멋지게 꾸며진 무대에 올라가 멋진 설교를 하는 강대상의 스타가 되었고, 설교 말씀이 좋다고 수많은 추종자들이 뒤를 따랐지만, 나는 진정 그들의 아픔과 고통을 함께 나누고 그들의 상처를 싸매고 치유해주는 참 목자의 본분을 감당하지 못하고 있었던 것이다.

결국 오랜 갈등 끝에 나는 교회를 사임하기로 결정하고, 목회 전선을 떠나 전부터 꿈꾸어왔던 성경 66권 전부를 선포하고 가르치는 대프로젝트에 도전하는 포부를 품고 수양관을 물색하기 시작했다. 영국의 종교 개혁자 존 위클리프는 14세기 말 영국에서 히브리어와 헬라어 원어성경을 그 시대 평민들이 누구나 쉽게 읽을 수 있는 영어로 번역하고 또한 번역된 성경말씀을 66권 쪽성경으로 나누어, 제자들에게 가르치고 외우게 한 후, 그들로 하여금 각 마을을 순회하며 하나님의 말씀을 전파하게 하는 소위 '롤라드운동'Lollard Movement

을 창시했는데, 나도 위클리프를 본받아 성경 66권 말씀 전부를 강해하고, 성경의 '전문인'들을 만들어내는 '21세기 롤라드운동'을 원했다.

다행히도 LA에서 약 한 시간 정도 떨어진 근교에 수정같이 맑은 물이 흐르는 아름다운 동산을 발견하게 되었고, 몇몇 성도들이 적극적으로 프로젝트에 동참해서 산장을 구입하게 되었다. 물론 산장 투자의 제일차 목적은 그곳에서 말씀을 선포하고 배우며 훈련을 받아 세상에 나가서 복음을 전파하는 롤라드 말씀운동을 하기 위함이었고, 제이는 당시 미국 부동산 경기가 미국 역사상 최고 절정에 다다른 시기였기에 산장을 잘 개발해서 수익을 얻고자 함이었다.

그러나 누가 상상이나 했겠는가. 산장을 구입하려고 중도금까지 치른 상황에서 (전 주인이 전에 그곳에 거주하던 관리인과 법정싸움에 휘말리는 바람에 등기 이전도 제대로 하지 못한 채) 법적 문제가 해결되면 매입하겠다는 조건으로 임시 임대 중에, 미국 역사상 대공황 이후 최대의 경제위기라고 불리던 소위 서브프라임 파동이 몰아닥친 것이다. 2007-2008년 당시 미국의 전체 자산의 약 삼분의 일 정도가 순식간에 증발해버린 이 사건은 실업률 급증, 부동산 거품 붕괴와 가격 폭락, 은행융자와 자금 동결, 경제침체 등 미국뿐 아니라 전 세계 경제를 연쇄 부도와 파산으로 몰아간 전무후무한 글로벌 금융위기였다.

흔히 미국의 서브프라임 파동을 한국의 IMF 위기에 비교하기도

하는데 (그 당시 내가 한국에 없었기에 잘은 모르지만) 그 규모와 여파는 한국의 IMF 위기의 수십 배 아니 수백 배에 달한다고 볼 수 있다. 아나나 다를까 그 여파는 산장 프로젝트에 직격탄을 날려서 2007년 당시 매입 중도금과 산장 공사비로 이미 200만 불 이상을 지출한 상태였는데, (악재에 악재가 겹쳐) 법적인 문제로 등기도 이전하지 못하고, 투자금도 더 들어오지 않고 은행융자도 받을 수 없는 진퇴양난의 위기에 처하게 되었다.

다행히도 우여곡절 끝에 은행융자를 받아 산장을 매입했지만, 그때는 이미 미국 경제 사정이 최악의 상태에 이른 시기였기에 (헌금과 기부금이 급감한 상태였고), 고금리로 대출받은 은행융자와 산장 관리비를 합쳐 매달 2만 불이 넘는 운영비를 감당하기가 점점 더 힘겨워졌다. 무슨 일이든지 처음 시작할 때는 다들 좋은 뜻에서 적극적으로 동참하고 일이 잘될 때는 협조하지만, 일이 잘 안 돼서 정작 도움을 필요로 할 때는 다들 나 몰라라 하고 아무도 책임지는 사람이 없기 마련이다. 산장 사업도 좋은 취지에서 시작했지만 경제사정이 나빠지자 한 사람씩 손을 떼기 시작했고, 나 혼자 은행융자를 갚느라 이리 뛰고 저리 뛰고 이리 막고 저리 막고 몇 년에 걸쳐 고생만 하다가 결국 2013년에는 (몇몇 투자가들의 명의로 넘겨준 땅을 제외하고는) 산장이 은행에 넘어가게 되었다. 정식적으로 파산 절차를 거치지는 않았지만 실질적으로는 부도가 나서 파산을 하게 된 것이다.

다행히도 2006년부터 2012년까지 약 6년 동안, 나는 (몇 권의 말씀을 빼놓고는) 모든 성경강해를 마칠 수 있었다. 또한 감사하게도 수많은 사람들이 산장에 와서 쉼을 얻고 기도와 하나님의 말씀을 통해 치유와 변화를 받는 은혜를 체험했다. 그 놀라운 하나님의 은혜와 축복을 어찌 돈으로 환산할 수 있겠는가. 그렇지만 땅값이 올라가면 팔아서 수익을 올리려는 목적으로 투자를 한 성도들에게는 금전적인 손해를 끼친 죄송한 상황이었다. 물론 몇몇 투자가들은 감사하게도 투자금을 주님의 사업을 위해 드린 헌물로 취급해서 빚을 탕감해주었지만, 평생 내 나름대로 부족함 없이 살았고 모든 사람에게 후히 나누어주고 베풀었으면 베풀었지, 단 한 번도 금전적인 손해나 해를 끼친 적이 없는 나에게 재정적인 실패란 문자 그대로 사형선고와 같이 참혹했다.

사업에 실패했을 때

요즈음 유난히 "사업에 실패했다, 부도가 났다, 신용불량자가 되었다, 파산했다, 망했다, 알거지가 되어서 길바닥에 나앉았다"라는 재정상의 실패에 대한 말들이 많이 들린다. 아마도 경기가 좋지 않고, 살기가 점점 힘들어진다는 뜻일 것이다. 뿐만 아니라 주위 사람들과 매스컴을 통해 너무 많이 들어서인지, 이제는 타성에 젖어 그런 소식을 접해도 별로 감각이 없다. 하지만 실제적으로 모든 실패 가운데 현대인들에게 가장 치명적인 영향을 미치는 영역은 가정의 문제를 제외하면 역시 사업 혹은 재정적 실패가 아닐까 싶다.

재정적인 실패는 내가 경험한 바에 의하면 모든 실패 가운데 가장 고통스럽고 참담한 실패라고 할 수 있다. "빚지고는 못 산다"라는 말이 있는데, 문자 그대로 빚지고는 하루도 편안히 잠을 잘 수 없을 뿐 아니라 피를 말리는 듯한 고통과 스트레스가 뒤따른다. 요사이 경제적인 문제로 인해 집안의 가장이 (또는 온 가족이) 자살을 했다는 기사를 자주 접한다. 내가 재정적인 어려움을 당하기 전에는 "뭐 그런 걸 갖고 자살을 해!" 하면서 은연중에 자살한 사람들을 나무라고 정죄했다. 그런데 정작 내가 망해서 고통을 당하게 되니까 어느새 나도 죽고 싶은 마음이 들었을 뿐만 아니라 '차라리 자살을 해서 나온 보험금으로 빚의 문제를 해결하고 싶다'는 어처구니없는 발상을 하는 자신을 발견하고 스스로 경악한 적이 있다.

사실 부부의 문제는 '행복'과 결부되어 있지만 재정의 문제는 '생존'과 직결되어 있다. 그러므로 부부 사이에 문제가 생기면 살인은 할지언정, 자살을 하는 경우는 드물다. 박경리 선생님의 글 가운데 "생존은 진실 그 자체이다"라는 구절을 본 기억이 있는데, 세상에서 먹고사는 일보다 더 실존적인 문제는 없다. 그래서 사람이 생존을 위협하는 경제적인 문제를 당면하게 되면, (당연히 그런 일이 있어서는 안 되겠지만) 존재적인 비관과 회의에 빠져 자살을 하게 되는 것이다. 고통의 '지수'는 측량할 길이 없겠지만, 사람이 영육간에 가장 힘들고 괴로울 때는 당연히 부부 관계와 가정에 문제가 있을 때다. 하지만 그에 못지않게 사람을 괴롭게 하는 것이 돈 문제이다. 사람이 인생을 살면서 제일 비참하게 느껴질 때가 사업이 망했을 때이고, 제일 자존심이 상하고 쪽팔릴 때가 돈을 꾸러 다닐 때라고 한다.

언젠가 방송에서 홍수환 선수가 "링 위에서 쓰러졌을 때는 사람들이 응원하고 격려해줬지만, 사업에 실패했을 때는 아무도 도와주지 않았다"라는 말을 했다. 사업을 시작할 때는 다들 좋은 마음으로 한다. 그리고 잘될 때는 아무 문제가 없다. 그러나 잘 안 되면 사기꾼이 되고 도둑놈이 되는 것이다. 누구든지 빚을 지게 되면 자동적으로 나쁜 사람이 된다. 힘들고 어려울 때는 급하게 돈을 꿔가지만 언제나 그렇듯이 일이 제대로 풀리지 않아 제때 그 돈을 갚지 못하면 신용을 잃고 거짓말쟁이가 되는 것이다. 사기꾼, 도둑놈, 거짓말쟁이라는 낙인은 재정에 실패한 사람들이 치러야 할 대가 중 하나다.

하지만 재정이나 사업에 실패했다고 절대 좌절하지 말라! "그것이 세상의 끝이 아니다!" 돈이 전부인 것 같아도, 돈은 결국 돈이다. 돈은 들어오기도 하고 나가기도 한다. 그러나 가족과 건강과 생명은 무엇과도 바꿀 수 없는 소중한 것들이다. 돈 때문에 인생을 포기하지 말라! 예수께서 너희는 "무엇을 먹을까 무엇을 마실까 무엇을 입을까 염려하지 말라. 너희 하늘 아버지께서 이 모든 것이 너희에게 있어야 할 줄을 아시느니라!"고 말씀하셨다. 옛말에 "산 입에 거미줄 치랴"라는 말이 있듯이 살아 있는 것 자체가 축복이다. 염려하지 말라. 당신은 절대 죽지 않을 것이다.

나는 완전히 쫄딱 망해서 자동으로 무소유가 되어버린 2013년부터 2016년 현재까지 3년이 넘는 기간 중, 어떨 때는 너무 급한 나머지 아이들의 돼지 저금통까지 깨트려서 연명한 적도 있지만, 주님을 의지하여 하루하루 살아갈 때 "내가 까마귀들에게 명령하여 거기서 너를 먹이게 하리라" 하신 하나님의 놀라우신 기적의 역사들을 수없이 체험할 수 있었다. 사도 바울은 다음과 같이 간증하고 있다.

나는 어떤 형편에서도 스스로 만족하는 법을 배웠습니다. 나는 가난하게 사는 법도 알고 부유하게 사는 법도 압니다. 배가 부르건 고프건 부유하게 살건 가난하게 살건 그 어떤 경우에도 스스로 만족하게 생각하는 비결을 배웠습니다.[1]

빨리 돈을 벌어서 문제를 해결하려고 발버둥치지 말고, 오히려 바울처럼 자족의 비결을 터득하면 어떠한 경제적인 어려움이나 위기도 극복할 수 있는 자생 능력을 얻게 된다. 즉 먼저 당신의 재정의 우선순위를 바꾸라. 왕년에 잘나갈 때의 수준을 고집하지 말고 비즈니스 클래스를 이코노미로, 이코노미를 빈민 클래스로 낮추면 되는 것이다. 또한 재정적인 실패의 주범이 곧 탐심임을 기억하고, 탐욕과 욕심을 버리고 자족과 감사의 마음으로 살면, 필경은 재정의 실패를 극복할 수 있다.

현대인들의 모든 이해관계는 거의 다 돈과 결부되어 있다. 문자 그대로 돈이 모든 문제의 화근이요, 돈이 원수다! 하지만 이미 말했듯이 따지고 보면 돈은 결국 돈에 불과하다. 돈이 현재 나의 실존과 결부된 가장 큰 문제처럼 느껴질 수 있지만 돈은 돈으로 풀면 되니, 어떻게 보면 가장 쉽게 해결할 수 있는 문제가 돈 문제이기도 하다. 요즈음 미국 공화당 대통령 후보로 매스컴에 자주 오르내리는 도널드 트럼프는 부동산 사업으로 억만장자가 되어 이름을 날리고 있지만, 사실은 미국에서 가장 많이 파산한 사업가 중 하나로 알려져 있다.

"왕의 재정학교"를 인도하는 김미진 간사는 수년 전에 50억이라는 부채를 안고 채주들에게 "내가 잘 안 되면 당신들은 영원히 이 돈을 돌려받지 못할 수도 있습니다. 나에게 기회를 주십시오"라고 간청해서 기회를 얻고 재기해서 4년 만에 모든 빚을 청산했다는 재미있는 간증을 들은 적이 있다. 맞는 말이다! 망한 자를 긍휼히 여기고 그에게 재기의 기회를 주라! 그것이 당신이 돈을 돌려받을 수 있는 유일한 길일 수 있다.

다시 한 번 말하지만 아무리 이 순간이 힘들고 어렵다 해도 "절대 포기하지 말라!" 하나님은 결국 당신을 축복하실 것이다!

신앙에 실패했을 때

사업가에게 사업의 실패가 치명적인 것같이, 신앙인들에게 신앙의 실패는 마치 사형선고와도 같다. 우리는 진정 무엇을 기준으로 신앙과 사역의 성공과 실패를 가늠할 수 있는가? 잘은 모르지만 (한 가지 확실한 것은) 나중에 천국에 가면 주님은 분명 나에게 "네가 목회를 하던 교회가 얼마나 컸고 교인 수가 몇이나 됐었느냐?" 혹은 "네가 얼마나 설교를 잘하고 유명한 사람이었느냐?"라는 질문은 하지 않으실 것이다. 추측컨대 만일 주님이 두 가지 질문을 하신다면, 첫 번째는 분명 "너는 나를 사랑하느냐?"일 것이고, 두 번째는 "너는 뭐 하다 왔느냐?" 또는 "내가 너에게 분부한 모든 일들을 잘 완수했느냐?"일 것이다. 사도 바울은 그의 말년에 "나는 훌륭하게 싸웠고 달릴 길을 다 달렸으며 믿음을 지켰습니다"라고 확신 있게 증언하고 있다. 그의 간증과 같이 의의 선한 싸움을 싸우고, 주님이 맡기신 사명을 잘 감당하며, 끝까지 흔들리지 않고 믿음을 지켰으면 신앙에 성공한 것이라고 본다.

오늘날 미국이나 한국이나 할 것 없이 존경받는 영적 지도자들이 줄줄이 "나는 실패했습니다!"라고 양심선언을 하고 있다. 우리 모두는 언젠가 주님의 심판대 앞에 서게 될 것이다. 그때가 되면 숨기고 있던 모든 것들이 다 드러나게 될 것이요, 우리 자신의 입으로 우리가 지은 모든 죄와 살아생전 행한 모든 일들을 주님께 낱낱이 직고할 것이라고 성경은 말씀하고 있다. 최근 미국의 빌리 그레이엄 목사는 "나는 모든 사람들 중 가장 큰 실패자입니다! 나는 사람들과는 많은 시간을 보냈지만 하나님과는 너무 적은 시간을 보냈습니다"라는 진솔한 고백을 했다.

사실 주님의 최대 관심사는 내가 주님을 위해 무엇을 했느냐에 있지 않고, 주님과의 관계에 있다. 성경에 보면 "영생은 오직 한 분이신 참 하나님을 알고, 또 아버지께서 보내신 예수 그리스도를 아는 것입니다"라고 했다. 또 이렇게 말한다.

그들이 예수께 물었다. "우리가 무엇을 하여야 하나님의 일을 하는 것이 됩니까?" 예수께서 그들에게 대답하셨다. "하나님께서 보내신 이를 믿는 것이 곧 하나님의 일이다."[2]

즉 주님을 알고, 또 믿는 것이 곧 하나님이 원하시는 일이라는 뜻이다. 현대 신앙인들의 문제는 그들이 너무나 바쁘다는 사실에 있다. 교회 다니느라 바쁘고, 성경공부하느라 바쁘고, 봉사하고 예배드리고 사역하고 훈련받느라 바쁘다. 정말 다람쥐 쳇바퀴 돌듯이 정신없이 사역하며 신앙생활을 하고 있다. 하지만 그토록 분주함에도 불구하고 정작 주님을 알고 주님과 사랑의 관계를 맺는 일에는 관심도 없을 뿐만 아니라, 시간도 제대로 할애하지 않는다. 언젠가 "바쁜 아빠는 나쁜 아빠"라는 슬로건을 본 적이 있는데, "바쁜 신앙인이 곧 나쁜 신앙인"인 것이다.

사실 현대 신앙인들의 최대 공공의 적은 눈에 보이지 않는 마귀가 아니라, 스마트폰, 컴퓨터, 인터넷, 음악, 영화, 미디어, SNS를 포함한 모든 전자기기들이요, 정보매체들이다(물론 이 말은 그런 것들이 무조건 다 나쁘다는 뜻이 아니라 신앙과 영성생활의 방해 요소가 된다는 뜻이다). 예전에는 '매스미디어'라는 것이 있었지만, 오늘날에는 '퍼스널 미디어'가 있다고 한다. 대부분의 사람들은 나 혼자만의 공간 안에서, 거의 24시간 내내 그런 것들에 묶여서 살아가고 있다.

사도 바울이 "이 세상의 신이 믿지 아니하는 자들의 마음을 혼미하게 하여 그리스도의 영광의 복음의 광채가 비치지 못하게 함이니"라고 경고한 대로, 현대인들은 전자기기에 홀려서 21세기판 우상인 스마트폰에 입을 맞추고 절을 하며 온갖 전자공해와 그로부터 파생된 소음과 잡음으로부터 헤어나지 못하고 혼미한 상태에서 살아가고 있다. 어처구니없는 일이지만 오늘날 교회 안에서 예배를 드리면서도 카톡을 하는 일은 당연지사이고, 한 손을 들고 기도를 하면서 다른 한 손으로는 메시지를 보내는 엽기적인 장면까지 목격한 적이 있다.

한마디로 소위 '기독교 영성'이라는 단어는 현대 교회 안에서 이미 사라져버린 지 오래다. 주님과 나 단둘이 교제하는 '친밀한 시간'이 없다는 말이다. 기독교 신앙은 항상 '관계 중심적'이다. 주님은 우리에게 "네가 무슨 사역을 했느냐?"라고 묻지 않으시고 "네가 나를 사랑하느냐?"라고 물으신다.

나는 인생의 몇 가지 대실패를 거치면서 자동적으로 무소유자가 되었고 사역지마저 잃어버려 무사역자가 되고 말았다. 어떨 때는 일주일 내내 아무것도 하지 않고, 아무도 만나지 않고, 아무 연락도

취하지 않은 상태에서 몇 개월을 지낸 적도 있었다. 반강제적인 안식
년에 들어갔던 것이다. 처음에는 마음이 안정되지 않고 좀이 쑤셔서
견딜 수가 없었다. 그러나 시간이 흐르면서 '침묵의 도'와 고독Solitude
의 의미를 배우게 되었다. 그때 깨달은 진리는 내가 너무나 많은 생
각과 말들을 하고 있고, 또한 너무나 많은 일들을 하고 있다는 사
실이었다. 뿐만 아니라 내가 하는 대부분의 생각과 말과 일들의 90
퍼센트 이상은 결국 다 쓸데없는 것들이었다는 충격적인 사실도 깨
닫게 되었다. 결론적으로 신앙의 성공과 실패의 여부는 이러한 모든
방해 요소들로부터 해방받아, 주님과 친밀한 시간을 갖고, 주님을
사랑하는 것에 있음을 기억하자!

사역에 실패했을 때

수년 전에 미국에서 가장 복음적이고 건강한 교회로 인정받고 있
는 윌로우크릭교회 빌 하이벨스 목사가 "우리는 숫자적으로는 성공
했는지 몰라도 예수 그리스도의 참된 제자를 만드는 일에는 실패했
습니다"라는 고백을 해서 교계가 큰 충격에 빠진 적이 있다. 이미 상
고해봤지만 사역의 성공과 실패 여부는 "교회 안에 사람이 얼마나
많이 모였느냐?" 또는 "설교를 얼마나 잘하느냐?"에 있지 않다. 신
앙의 진정한 척도는 실제로 내가 얼마만큼 변화되었느냐에 있다.

물론 예수님을 믿으면 누구나 어느 정도 변화되는 것은 당연한 일

이다. 하지만 성경이 말하는 변화는 원어로 '메타모르포시스'라고 하는데, 그것은 적당히 도덕과 윤리적으로 변화되는 정도가 아닌, '전인격적인 개조'Holistic Transformation를 의미하고 있다.

올해로 선교와 목회 사역을 한 지 어느덧 30년이 다 되었다. 그동안 큰일을 이룬 것은 없지만, 나름대로 목회를 하던 교회마다 다 부흥되었고, 다른 것은 몰라도 설교만큼은 잘했다고 스스로 믿어왔다. 특별히 말씀사역이 주님이 내게 주신 소명Calling이라 확신했기에 사역의 초점과 핵심을 말씀강해에 두었고, 그동안 누구보다도 성경을 더 정확하고 깊이 있게 영적으로 해석하고 가르쳐왔다고 굳게 믿었다. 그러나 30년이 지난 오늘날, 주님 앞에 나아가 사역의 평가를 받는다면, 완전히 낙제점수일 것 같다. 빌 하이벨스 목사의 말대로 비록 설교는 잘했을지 몰라도 사람을 변화시키는 일에는 실패했기 때문이다. 설교가 좋다고 수많은 추종자들이 뒤를 따랐지만 만일 그 말씀을 통해 그들의 삶 안에 전인격적인 변화, 즉 그들의 세계관, 가치관, 인생관, 의식구조 그리고 생활양식에 전격적電擊的인 변화가 일어나지 않았다면, 나의 설교는 비록 그들의 가려운 귀를 긁어주고 일시적인 감동은 주었을지 몰라도 실제로는 그림의 떡이요 한낱 말장난에 불과한 것이다.

김용의 선교사님은 "나를 변화시킬 수 없는 복음은 복음이 아니다"라는 충격적인 선언을 하셨다. 만일 내가 전한 복음으로 사람들이 변화되지 못했다면, 그것은 그들이 나의 말을 잘못 알아들었거나 내가 성경을 조리 있게 가르치고 성경에 있는 영적인 진리들을 잘 풀어서 전달했을지라도 결국 나의 언변이 탁월했던 것이지, 성령의 역사는 아니었을 수 있다. 물론 그간 설교 말씀을 듣고 거듭나서 전인격적으로 변화된 신자들이 전혀 없었다는 뜻은 아니다. 하지만 사람이 한 일과 주님이 하신 일에는 커다란 차이가 있다. 오직 성령님이 역사하실 때 사람들은 진정한 변화를 체험하게 된다! 결론적으로 나는 지금까지 나의 지식과 말재주를 의존했던 것이지, 전적으로 성령님의 감화 감동과 능력으로 사역하지 못했던 것이다.

변화되지 못한 신자들

오늘날 현대 기독교인들의 캐리커처를 그리자면, 우선은 머리와 귀가 가분수적으로 클 것이다. 즉 그들은 듣고 배우는 것을 좋아한다. 아직도 수많은 신자들은 더 좋은 설교, 더 좋은 예배를 찾아 철새처럼 이 교회 저 교회를 돌아다니고 있다. 그것도 부족해서 인터넷까지 들어가 설교를 듣는다. 물론 이러한 일들은 복음이 사라져버린 이 시대에, 신자들이 복음과 진리의 말씀 듣기를 갈망해서 일어나는 현상일 것이다.

그러나 풍요 속의 가난이라 했던가. 그런 식의 맹목적인 설교 추종은 살아 있는 영적 진리 대신에 나의 영혼을 살릴 수 없는 죽은 지식과 나의 삶을 변화시킬 수 없는 썩은 지식을 쌓아두는 일로 끝날 수 있다. 이제 좋은 설교는 그만 들어도 된다. 들을 만큼 들었다. 차라리 한 시간 설교를 듣고 그 말씀으로 일 년을 살 수 있어야 한다.

두 번째는 신자들의 입이 엄청나게 크다는 사실이다. 교회 안에 무슨 말들이 그렇게 많은지! 영어로 'Big Mouth'라는 속어가 있는데, 교인들이 입만 살아서 교회 안이 항상 수군수군 시끌시끌하다. 목회 25년 세월에 제일 많이 들었던 소리가 "삐쳤다, 시험 들었다, 서운하다"이다. 이런 용어들은 특별히 한국교회 안에만 존재하는 'Jargon'(동일 집단 내의 특수용어)인데, 영어로는 번역조차 불가능한 부끄러운 말들이다. 그리스도인이자 심리학자인 래리 크랩은 《지상에서 가장 안전한 곳》이라는 책에서, 오늘날 현대 교회는 "세상에서 가장 위험한 지대가 되어버리고 말았다"라고 개탄하고 있다. 세상에 있는 모든 교회는 결국은 다 주님의 교회인데, 교회들끼리 서로 분쟁하고 경쟁한다. 한 교회 안에서도 두 패로 갈라져서 서로 자기편이 옳다고 흉측하고 추잡스러운 말로 서로를 비방하고, 물고 뜯고 하면서 '쌈박질'을 한다. 어떻게 보면 교회가 이 세상을 구원하는 '진리의 등대'요, '구원의 방주'가 아닌, 오히려 '로타리클럽'이나 '라이온스클럽'보다도 못한, '집단 이기주의자들과 인격장애자들의 집합소'가 되어버리고 말았다.

마지막 특징은 눈이 작다는 것이다. 즉 통찰력과 분별력이 상실되어서 진리에 입각해서 사리를 판단할 능력이 없다. 그리고 팔다리가 거의 없다. 즉 설교를 통해 듣고 배운 영적 진리들을 실천해서 살아갈 수 있는 실천력과 행동력이 미비하다는 뜻이다. 그동안 수많은 성경공부와 제자훈련을 통해 주입식 지식훈련에만 익숙할 뿐, 정작 복음을 살아낼 수 있는 능력이 신자들의 삶 안에 결여되어 있다. 머리로는 빤히 다 아는데 몸이 움직여주지를 않는 것이다. 결국 현대 교회는 교회 건물을 크게 짓고, 교인 수를 늘린 것 외에는 사회를 위해 해놓은 일이 하나도 없다. 또한 무슨 일이 일어나면 그저 우르르 몰려들어 호들갑을 떨며 과잉반응을 하기에만 급급할 뿐, 세상 가운데서 전혀 소금과 빛의 역할을 감당하지 못하고 있다.

너나 잘하세요!

사실 이러한 모든 지적과 비판은 누워서 침 뱉기요, 따지고 보면 내 자신에 대한 자아비판과 고발에 불과하다.

나의 이 말을 듣고 행하지 아니하는 자는 그 집을 모래 위에 지은 어리석은 사람 같으리니 비가 내리고 창수가 나고 바람이 불어 그 집에 부딪치매 무너져 그 무너짐이 심하니라.[3]

예수님의 이 말씀처럼 나의 사역은 모래 위에 지은 집에 불과했던 것이다. 지난 30여 년간 나는 소위 '말씀 중심적'이고 복음만 전파한다고 떠벌리고 다녔지만, 결국 시험과 역경이 몰아닥치자 교회가 공중분해되어 모래 위에 지은 집과 같이 와르르 무너져내리는 사역의 대실패를 체험하게 되었다. 또한 "말씀을 통해 거듭나고 변화되었습니다"라고 하며 한때는 "목사님의 말씀이 없으면 못살아요!" 하면서 바짓가랑이를 붙잡던 추종자들에게 모함을 당하기도 했다. 하지만 누구를 탓할 수 있단 말인가? 모든 일들은 입으로는 진리와 복음을 전한다 하면서도 진리와 복음으로 살지 않았던 나 스스로의 불찰이요, 책임이다. "그들의 행실은 따르지 말아라. 그들은 말만 하고, 행하지는 않는다. 그들은 지기 힘든 무거운 짐을 묶어서 남의 어깨에 지우지만, 자기들은 그 짐을 나르는 데에 손가락 하나도 까딱하려고 하지 않는다."[4] 이 예수님의 호통소리가 곧 주님이 나에게 보여주신 나의 최종 사역 결산 보고서의 내용이었다. 나는 완전히 사역에 실패했다.

예수께서는 "위선자들아! 너희에게 화가 있다. 너희는 잔과 접시의 겉은 깨끗이 하지만, 그 안은 탐욕과 방종으로 가득 채우기 때문이다"라고 무서운 저주와 심판의 말씀을 하셨는데, 사실 순진하고 무지한 양 같은 신자들을 탓할 이유는 아무것도 없다. 그것은 순전히 복음을 전한다고 하고 자칭 '하나님의 종'이라고 하는 목사들의 문제인 것이다. 실제로 그간 나는 사리사욕을 채우는 일에만 급급했지 잃어버린 한 마리 어린양을 귀히 여기는 목자의 마음이 없었다. 더 솔직히 말하면 목자가 양들을 돌봐야 하는데 오히려 양들을 잡아먹고, 그들의 피를 빨아 호의호식했던 것이다.

2016년 2월에 목사요, 신학교수가 친딸을 살인하고 그 시체를 8개월 동안이나 방치해둔 사실이 드러나 한국 사회가 발칵 뒤집힌 엽기적인 사건이 있었다. 언론 보도에 따르면 그는 자신이 어렵게 이룬 성공이 무너질까 두려워 딸이 숨진 사실을 숨기고 시신을 유기했다고 한다. 그것은 결코 한 사람의 죄나 실패가 아닌 한국 기독교의 민낯을 그대로 드러낸 우리의 추악한 자화상이었다. 우리 사역자들은 어떠한 변명도 없이, 하나님과 교회와 성도 그리고 한국 사회 앞에 무조건 우리의 모든 죄와 실패를 시인하고 용서를 빌어야 할 것이다.

자녀양육에 실패했을 때

이미 살펴봤듯이 우리는 학업, 가정, 사업, 신앙, 사역 등 어느 한 부분도 온전한 것이 없이 전반적으로 삶의 거의 모든 영역에서 다 실패했다고 해도 과언이 아니다. 또한 그 외의 삶의 나머지 영역들을 조명해봐도 결과는 역시 마찬가지다. 예를 들어 자녀양육의 문제만 봐도 자식만 낳았을 뿐이지, 자녀를 위해 한 일이 아무것도 없다. 우리는 과연 아이들을 얼마나, 어떻게 사랑했으며, 그들에게 무슨 본을 보여줬는가? 아이를 좋은 대학에 보냈으면 자녀교육에 성공한 것인가? 자녀들은 부모의 것이 아니다. 오히려 하나님이 그들을 부모에게 선물로 주시고, 그들 영혼육의 관리자Care Taker로 불러주셨다. 그런데 자녀에게 먹고살게 해줬을 뿐이지, 진정 '자녀의 영혼을 위해 무엇을 했는가? 또 무슨 기도를 했는가?'라고 자문해볼 때, 부끄러울 뿐이다. 하지만 감사하게 그저 자녀가 알아서 잘 자라준 것이 기적이고(이것은 전적으로 주님의 은혜다), 고마울 뿐이다.

결론적으로 우리는 자녀교육에도 완전히 실패했다. 언젠가 한 시대에 한국교계를 대표했던 목사님의 입을 통해 "나는 가정에 실패했습니다"라는 진솔한 고백을 들은 적이 있다. 목회에는 성공했을지 몰라도 가정과 자녀교육에는 실패한 것이다. 사람이 돈을 많이 벌고 유명해졌다 해도 가정을 잃고 자식을 잃어버리면, 인생의 모든 것을 다 잃어버린 것이다. 세상에 가정과 자녀교육의 실패를 대치할 만한 성공은 없다. 즉 가정과 자녀교육에 실패했으면 모든 것에 실패한 것이다.

도덕적인 실패를 했을 때

우리 삶은 도덕적으로 살펴봐도 온갖 실수와 실패 그리고 죄투성이다. 한순간의 도덕적인 실수나 실패는 그 사람의 일생을 망칠 수 있다. 또한 드러나지 않고 요행히 '딱' 걸리지만 않았을 뿐이지, 우리의 삶은 온갖 더럽고 추잡스러운 도덕적인 실패들로 가득 차 있다. 예수께서는 "사람에게서 나오는 그것이 사람을 더럽게 하느니라 속에서 곧 사람의 마음에서 나오는 것은 악한 생각 곧 음란과 도둑질과 살인과 간음과 탐욕과 악독과 속임과 음탕과 질투와 비방과 교만과 우매함이니 이 모든 악한 것이 다 속에서 나와서 사람을 더럽게 하느니라"⁵라고 말씀하신다. 예수께서 말씀하신 12가지 죄상 가운데 단 한 가지도 우리에게 적용되지 않는 부분은 없다. 사도 바울은 인간에 대해 이렇게 말한다.

> 온갖 불의와 악행과 탐욕과 악의로 가득 차 있으며, 시기와 살의와 분쟁과 사기와 적의로 가득 차 있으며, 수군거리는 자요, 중상하는 자요, 하나님을 미워하는 자요, 불손한 자요, 오만한 자요, 자랑하는 자요, 악을 꾸미는 모략꾼이요, 부모를 거역하는 자요, 우매한 자요, 신의가 없는 자요, 무정한 자요, 무자비한 자입니다.⁶

만일 우리 모두 평생토록 각자 자기가 지은 모든 죄상들을 프린트해서 명찰처럼 가슴에 달고 다닌다고 하면 서로 보고 얼마나 놀랄 것인가. 도덕적으로 깨끗하고 거룩한 척하지 말라. 우리는 분명 도둑놈들이요, 행음자들이요, 사기꾼들이요, 위선자들이요, 탐욕자들이요, 거짓말쟁이들이다.

최종적으로 나는 인생에 실패했다! 주마등처럼 후딱 지나가버린 50평생, 지난날들을 돌이켜보면 주님 앞에 죄송스럽게도 죄지은 것밖에는 내놓을 것이 없다. 성경이 말씀하듯이, 우리는 죄 가운데 태어나서 평생토록 죄를 짓고 살다가 결국은 죄 가운데 죽고 만다. 죄도 적당히 지은 것이 아니라 정말 끝내주게 졌다. 학교 공부를 20여 년간 하면서도 100점 만점을 받은 기억이 별로 없는데, 죄를 짓는 일만큼은 우리 모두 100점 만점을 받았다 할 수 있다. 김용의 선교사님의 표현을 빌리자면, 우리는 완전히 죄에 찌들어 있고, 죄에 절어 있는 '죄 장아찌'들이다!

나는 삶의 모든 영역에서 전부 다 실패했다. 나는 육신의 정욕을 위해 가정을 깨트렸고, 탐심과 물욕으로 인해 사업을 말아먹었고, 교만과 야심으로 인해 주님의 사역을 무너트리고 말았다. 나는 진정 인생의 실패자요, 패배자요, 학점으로 따지면 낙제자이다!

존재적인 실패

'나'라는 존재를 살펴봐도 역시 같은 결론에 도달하게 된다.

'나'는 '나'밖에 모른다.

'나'는 지금까지 '나'만을 위해 살았고, 오직 '나'만을 사랑했다.

'나'는 평생을 자아숭배와 자아도취, 자아사랑으로 살아왔다.

'나'는 '나' 외에 그 어느 누구도 진정으로 사랑할 수 없다.

'나'에게는 오직 나, 나, 나밖에 없다!

즉 '내'가 나의 하나님이 되어버리고 만 것이다!

그것이 '나'라는 존재를 이루고 있는 자아의 실체요, 본질이다.

결론을 내리자면 '나'는 실패자이다!

'나'는 나라는 인격과 존재, 그 자체에 실패했다.

또한 좀 더 넓은 관점으로 본다면,

'내'가 실패했고, 당신이 실패했으며, 온 인류가 실패했다!

내가 죄를 지었고, 당신이 죄를 지었으며, 온 인류가 죄를 지었다.

그것이 성경이 나와 당신 그리고 온 인류를 행해 내리는

최종 판결이요, 선언이다.

결론적으로 우리 모두는 다 실패자들이다.

구약시대의 위대한 선지자 이사야는 성전에 들어가 하나님의 형상을 뵙는 즉시, 그 자리에 꼬꾸라져 "화로다 나여 망하게 되었도다" 라고 부르짖었다. 그와 마찬가지로 만일 우리도 하나님의 존전 앞에 나아간다면, 하나님의 거룩하심과 영광스런 빛 앞에 폭삭 꼬꾸라져, "나는 실패자입니다! 나는 죄인입니다! 나는 망했습니다!"라고 부르짖게 될 것이다. 다시 한 번 결론을 내리지만 나는 완전히 망한 사람이다.

그냥 적당히 실패하거나 망한 것이 아니라 쫄딱 망해서 완전히 바닥을 쳤다. 마치 내가 죄를 지어서 죄인이 된 것이 아니라 죄인이기 때문에 죄를 짓는 것처럼, 나는 실패를 해서 망한 것이 아니라 나라는 존재 자체가 실패자이기에, 실패하고 망할 수밖에 없는 것이다.

이미 기울어진 배를 다시 되돌릴 수 없듯이, 사람이 망하려면 무슨 수를 써도 결국에는 망할 수밖에 없다. 뿐만 아니라, 이미 망한 상

태에 있는데 더 망하지 않으려고 발버둥을 치다가, 고생은 고생대로 하고 결국은 쫄딱 망하는 경우를 종종 보게 된다.

그러므로 이왕 망했고 또 망할 거라면 빨리 망할수록 좋고,
적당히 망하지 말고 완전히 쫄딱 망하는 것이 좋다.
또한 지금 당장 망하는 것이 좋다!
물론 당신의 가정이 깨지거나 사업이 망하라는 뜻이 결코 아니다.
다만 '나'라는 존재가 주님 앞에 망해야 한다는 뜻이다.
실패를 두려워 말라!
망하기를 주저하지 말라!
주님은 실패한 자를 긍휼히 여겨 도와주시고,
망한 자를 변화시켜 쓰기 원하신다.
내가 진정한 실패자요, 죄인이요, 망한 자임을
주님 앞에 솔직히 시인하고 자백하며
나의 있는 모습 그대로 주님 앞에 나아가자.
주님이 내 안에 놀라운 일을 행하실 것이다.

십자가는 오직

사형선고를 받아

마땅히 죽어야만 하는

실패하고 망한

죄인들을 위한 것이다.

PART

3

실패의
결과

5

실패의 대가 지불

인간에게 실패란 기정사실이요, 지극히 당연한 일이 되어버리고 말았다. 사람은 자기 스스로가 원하든 원치 않든, 실패할 수밖에 없는 본질적인 결함과 죄성을 안고 있기 때문이다. 뿐만 아니라 나라는 존재, 그 자체가 이미 실패자이기 때문에, 인간은 실패할 수밖에 없다는 뜻이다. 다만 모든 실수와 실패 뒤에는 에누리 없는 대가 지불이 따른다는 사실을 기억해야 한다. 실패는, 실패 그 자체로만 끝나는 것이 아니라 항상 결과Consequence를 동반한다. 그러므로 사실은 실패 그 자체가 두려운 것이 아니라 실패의 결과로 말미암아 나타날 대가 지불, 즉 파탄, 분쟁, 비방, 모함, 소송 등 그 여파와 파급이 더 무섭고 저주스런 일이라고 할 수 있다.

실패의 값을 치르는 일은 실로 끔찍하다. 그러나 사람이 실수나 실패를 하게 되면 응당 대가를 치르는 것은 당연한 일이다. 실수나 실패가 업보가 되어서 사람을 윤회의 고리에 얽어매거나 또는 전생에서 지은 죄가 이생의 운명을 결정한다는 식의 인과응보론, 숙명론적 개념을 의미하는 것은 아니다. 단순히 하나님이 우주의 존속을 위해 우주 안에 내장해놓으신 자연의 법도, 즉 원인과 결과Cause & Effect라는 법칙에 의해 상당한 대가 지불이 뒤따를 수 있다는 뜻이다. 또한 좀 불편한 진실일 수 있지만, 실패의 정도와 대가 지불은 정비례하지 않을 수도 있다. 예를 들면 큰 실수나 실패를 하고도 적은 대가를 치를 수 있고, 어떤 경우에는 작은 실수 하나로 인생 전체를 망칠 수도 있다.

결론적으로 대가 지불이란 죄와 악이 존재하는 인간세계 안에 하나님이 정해놓으신 공의의 법칙이라고 볼 수 있다. 즉 어느 누구도 그것을 모면하거나 슬쩍 피해갈 수 없다는 뜻이다. 아담과 하와의 경우를 보면, 그들은 대실패와 그로 기인한 타락의 결과로 말미암아, "네가 먹는 날에는 반드시 죽으리라" 하신 말씀 그대로 죽음을 체험하게 되었고, 또한 하나님의 영광이 떠나가고 하나님과의 영적인 관계가 두절되는 혹독한 대가를 치러야만 했다.

직접적인 대가 지불

개인적인 실패에도 엄청난 대가 지불이 뒤따를 수 있다. 특별히 직접적인 대가 지불과 실패의 결과로 말미암아 나타난 파급효과라고 할 수 있는 후차적인 대가 지불이 있는데, 그중 가장 치명적인 결과는 단연 직접적인 대가 지불이라 할 수 있다. 실패의 모든 영역들을 다 다룰 수는 없지만 몇 가지 핵심적인 실패와 그에 뒤따르는 대가 지불의 예를 살펴본다면 다음과 같다.

우선적으로 가정의 실패는 당신의 삶을 생지옥으로 몰아가게 될 것이다. 물론 이혼을 하기 전에도 생지옥이었을 수 있지만, 이혼 후의 삶도 그에 못지않게 끔찍할 수 있다. 특별히 '80대 20의 법칙'이 말하는 대로, 80을 버리고 20을 택한 사람들은 후회가 막급할 것이다. 오늘날 이혼 사유의 첫 번째가 경제적인 이유라고 하는데, 사실 이혼 후에 경제사정이 더 나빠지는 경우가 많다. 무엇보다도 이혼은 자녀들에게 치명적인 악영향을 미치게 된다. 이혼한 부모들이 아무리 잘한다 해도 자녀들에게 준 상처는 쉽게 지울 수가 없다. 더욱이 자녀들에게 사랑의 본을 보여주지 못했기 때문에 많은 경우에 부부간의 파경은 자녀양육의 실패라는 후차적인 문제를 야기하기도 한다. 부부 사이에 문제가 있어서 헤어지면, '세월이 약'이라고 어느 정도 시간이 지나면 그 고통을 잊을 수 있겠지만, 만일 자녀들에게 문제가 생기게 되면 애간장을 녹이는 듯한 고통과 아픔이 뒤따르게 된다.

이미 살펴본 대로 사업의 실패는 당신을 비참하고 참담한 지경으로 몰아가게 될 것이다. 특별히 재정적인 실패는 개인적인 차원을 넘어서 금전과 결부된 채주나 투자가들에게까지 피해를 입힐 수 있는 연대적連帶的 실패이기에 때문에, 심한 경우에는 채무자가 그 부담과 가책을 감당하지 못해서 자살까지 선택하는 비극을 낳을 수도 있다. 재정의 실패는 부도, 파산, 신용-불량 등 연쇄적인 실패를 야기할 뿐만 아니라 후차적으로 채무, 보상, 소송 등 헤어날 수 없는 암담하고 절망적인 수렁 속으로 몰아간다. 당장 먹고살 일이 막막해지면서 경제적인 궁핍의 악순환이 점점 목을 조이게 된다.

모든 실패 가운데 가장 고통스럽고 마음을 아프게 하는 것이 있다면, 그것은 곧 가정의 실패요, 자녀교육의 실패일 것이다. 또한 사업과 직장 그리고 학업의 실패가 가장 비참하고 참담한 실패라고 한다면, 가장 치명적인 실패는 단연 도덕적인 실패라 할 수 있다.

성경에 보면, "음행하는 여자의 입술에서는 꿀이 떨어지고, 그 말은 기름보다 매끄럽지만, 그것이 나중에는 쑥처럼 쓰고, 두 날을 가진 칼처럼 날카롭다. 그 여자의 발은 죽을 곳으로 내려가고, 그 여자의 걸음은 스올로 치닫는다"[1]라는 무서운 경고의 말씀이 있다. 도덕과 윤리가 완전 밑바닥까지 떨어져버린 이 시대에 현대인들을 가장 쉽게 실족케 할 수 있는 일이 있다면, 그것은 분명 성적 타락일 것이다.

그와 동시에 도덕적인 (특별히 성적인) 타락은 가장 치명적인 결과를 낳는다. 오늘날 뉴스를 보면 하루가 멀다 하고 유명인사가 성추행이나 부도덕한 일에 연루되어 세간의 지탄을 받는 일들을 종종 보게 된다. 한순간의 욕정과 쾌락을 즐기려다가 혹은 탐심에 미혹되어 일생을 공들여 쌓아온 커리어를 하루아침에 날려버리는 정치인, 연예인, 경제인 더 나아가 오늘날에는 교육자들로부터 법조인 그리고 종교인에 이르기까지 도덕적인 실패를 통해 가정파탄, 명예손실, 패가망신 등 막대하고 혹독한 대가 지불을 감수해야만 한다. 이런 일들을 보면 "정말로 그만한 값어치가 있었던 것일까?"라고 다시금 질문하게 된다.

후차적인 대가 지불

두 번째 부류의 대가 지불은 실패의 결과로 말미암아 나타날 파장과 부수적인 피해 또는 후차적인 대가 지불이라 할 수 있는데, 그중 첫 번째가 부정적인 꼬리표, 즉 '딱지'가 붙는 일이다. 사실 누가 실패를 했다고 해서 그가 인생의 실패자가 된 것은 아닐 수도 있다. 즉 실패한 것과 실패자가 된 것은 전혀 별개의 문제일 수 있다는 뜻이다. 하지만 사람들은 누가 망하거나 실패를 했다고 하면 각자 자기 나름대로 단정을 지은 표를 갖다 붙이고 낙인을 찍어 영원한 낙오자로 만들어버리기 일쑤다.

간혹 교회 사무실에서 자녀상담을 하다보면, 부모님들이 자녀를 끌고 들어와 '아이가 문제아'라며 윽박지를 때가 있다. 그럴 때마다 나는 이렇게 정정해준다. "이 아이는 문제아가 아닙니다! 마치 내가 문제를 안고 있는 어른인 것처럼, 이 아이는 그냥 문제를 안고 있는 아이일 뿐입니다." 마찬가지로 실패한 사람들은 문제아, 가정파괴자, 신용불량자, 사기꾼, 간음자, 루저, 배신자, 성추행자, 열등자, 낙오자, 삯꾼, 위선자, 왕재수, 백수, 무용지물, 원수, 화상 등 수많은 딱지와 낙인들을 마치 꼬리표 달고 다니듯이 평생 달고 다녀야 한다.

물론 다 맞는 말이고, 또한 그만한 실패를 했기에 당연히 치러야 할 일이다. 하지만 그것이 그들의 정체성 자체가 되어서는 안 된다. 그들은 단순히 가정에 실패한 엄마요, 사업에 실패한 아빠요, 학업에 실패한 자녀일 뿐이다.

두 번째는 관계의 두절 혹은 절단이다. 당신이 실패하게 되면, 그로 말미암아 모든 관계의 줄이 끊어지고 고립될 것이다. 당신이 잘 나가고 여유가 있을 때는 주위에 사람들이 몰려들어도, 일단 실패를 해서 쫄딱 망하게 되면 아무도 당신을 가까이하려 하지 않는다. 특별히 가정이 깨지면 친인척뿐만 아니라 지인과 친구들 사이의 관계까지 함께 깨지고 거북스러워진다. 물론 실패한 사람 스스로가 수치심이나 자격지심으로 인해 주위 사람들을 기피하고 멀리해서 자기 스스로 격리를 시킬 때도 있지만 말이다.

세 번째는 정신적인 대가를 치러야 한다. 사람이 실패를 하게 되면 실패의 종류에 상관없이 죄책감, 정죄감, 패배감 그리고 수치심이 뒤따르고 더불어 자존감이 무너지게 된다. 뿐만 아니라 근심, 걱정, 염려, 불안, 초조 등 극심한 정신적 고통을 겪게 되고, 심한 경우에는 불면증, 우울증, 조울증, 대인기피증, 실패공포증, 무기력증, 자살충동, 화병 등 정신건강에 문제가 생기게 된다. 특별히 신앙인의 경우에는 극심한 영적침체에 빠질 수도 있다. 또한 많은 경우에는 이러한 정신적인 문제들이 악화되어 심각한 정신질환을 일으켜 폐인이 되거나 자살하는 극단적인 상황에 이르기도 한다.

네 번째 치러야 할 대가 지불은 명예손실이다. 사람들이 실패를 체험한 후, 제일 두려워하는 것이 곧 자신의 위신과 평판 그리고 명예가 실추되는 일이라고 한다. 많은 사람들이 비록 실패했을지언정, 무슨 수를 써서라도 자신의 명예와 평판만큼은 지켜보려고 한다. 하지만 세상도 사람들도 절대 당신을 가만히 두지 않을 것이다. 그들은 당신의 체면이나 자존심 정도는 아랑곳하지 않을 뿐 아니라, 하물며 당신이 마지막까지 고수하고 싶었던 스스로의 존엄성이나 자존심마저도 인정사정없이 짓밟아버리고 말 것이다. 사람이 진흙탕에 빠져서 발버둥을 치면 칠수록 더 깊숙이 빠져들듯이, 당신이 자존심과 명예를 지키려고 하면 할수록 더 비참한 수모를 당하게 될 것이다.

샤덴프로이데

사람은 단 한 번의 실수나 실패로 모든 것을 한순간에 다 날려버릴 수 있다. 이미 살펴본 대로, 사람이 실패를 해서 '실패자'라는 낙인이 찍히고, '낙오자'라는 딱지가 붙게 되면 소위 주위 사람들에게 '밥'이 되어, 모두 그 사람을 깔아뭉개고 짓밟기 시작한다. 사람이 승승장구 잘나갈 때는 모든 것이 다 '룰루랄라'요 '할렐루야'이다. 그러나 일단 실패하거나 실족하게 되면, 그동안 숨어 있던 안티나 원수들이 머리를 들기 시작하여 그의 실족을 고소해하며, 조소와 비방을 쏟아붓는다. 이러한 현상을 독일어로 '샤덴프로이데'Schadenfreude라고 하는데, 그것이 곧 그 어떠한 대가 지불보다도 더 끔찍한 실패의 저주가 될 수 있다. 치욕스럽고 수치스러운 일을 감수할 각오를 해야 한다. 물론 억울하고 불공평할 수 있다. 하지만 결국 따지고 보면, 내가 실패를 야기한 장본인이기 때문에 아무 말 없이 당할 수밖에 없다.

'샤덴프로이데'는 샤덴(피해)과 프로이데(기쁨)라는 단어가 합쳐져서 만들어진 용어로서, 문자 그대로 타인의 불행이나 고통 또는 실패를 보면서 기쁨을 느낀다는 의미를 내포하고 있다. 좀 더 직설적으로 표현하자면, 남이 실족하고 망하는 모습을 보면 좋아서 박수를 치고 싶고, 깨소금 맛을 느끼듯 고소해하는 식의 야비하고 뒤틀린 심보를 의미한다. 더불어 "진작에 그럴 줄 알았어!" 또는 "잘난 척하더니 쌤통이다!"라는 식의 부패하고 타락한 인성을 갖고 있는 모든 인간들이 소유하고 있는 지극히 보편적이고 일반적인 심리작용 중 하나이기도 하다.

성경 여러 곳에 그런 식의 샤덴프로이데의 예가 나타나 있다. 그중에서도 다윗의 시에서 그 절정을 찾아볼 수 있는데, 그 구절들을 읽다보면 다윗이 체험한 온갖 비방과 수모를 절절히 느낄 수 있다. 사실 샤덴프로이데는 21세기 현상만이 아닌 인류 역사를 통해 모든 실패한 사람들이 공통적으로 겪었던 수모였던 것이다.

내가 어려움에 빠졌을 때는 그들이 다 기뻐하며 내가 알지 못하는 가운데 그들이 함께 모여 나를 헐뜯고 계속 비방하고 있다. 2

거짓말쟁이 원수들이 나를 이겼다면서 기뻐하지 못하게 해주십시오. 까닭 없이 나를 미워하는 자들이 서로 눈짓을 주고받으며 즐거워하지 못하게 해주십시오. 3

내 원수들이 나를 보고 기뻐하지 못하게 하시며 내가 넘어질 때 그들이 의기양양하여 뻐기지 못하게 하소서. 4

그들이 마음속으로 "하하, 우리의 소원이 이루어졌구나" 하고 고소해하지 못하게 해주십시오. "드디어 우리가 그를 삼켜버렸지" 하고 말하지도 못하게 해주십시오. 나의 불행을 기뻐하는 저 사람들은, 다함께 수치를 당하고 창피를 당하고 말 것이다. 나를 보고서 우쭐대는 저 사람들은, 수치와 창피를 당할 것이다. 5

더 나아가서, 샤덴프로이데는 단순히 비방과 조소 정도로 끝나는 것이 아니라, 온갖 거짓과 저주로 가득 찬 험담과 악담 그리고 인신 공격으로까지 이어지게 된다.

악한 자들이 일어나 거짓 증언을 하며 내가 알지도 못한 일로 나를 비난하는구나. 그들이 나에게 선을 악으로 갚으니 내 영혼이 낙심하여 죽을 지경이라. [6]

원수들은 나를 보고 "저자가 언제 죽어서 그 이름이 없어질꼬?" 하며 찾아와서는 속에도 없는 소리를 하고 험담할 꼬투리를 찾아 나가는 길로 떠들어댑니다. 모두들 내가 미워서 입을 모아 수군대며 나의 불행을 궁리하여 나를 해칠 양으로 "죽을 살이 뻗쳤구나. 병들어 영영 일어나지 못하리라" 합니다. [7]

악한 자와 속이는 자가 일제히, 나를 보고 입을 열고, 혀를 놀려서 거짓말로 나를 비난합니다. 미움으로 가득 찬 말을 나에게 퍼붓고, 이유도 없이 나를 맹렬하게 공격합니다. [8]

상대적 우월감
지난 20년에 걸쳐 샤덴프로이데 현상을 전문적으로 연구한 리차드 스미스 박사의 연구 사례에 의하면,[9] 만일 사람들이 보기에 감히 넘겨다볼 수 없을 만큼 월등히 탁월하거나 눈에 띄게 잘나거나 교만하게 보이는 얄미운 사람이 있다고 하면, 누구든지 그 사람이 실수하거나 망하게 되면 박수를 치고 고소해하는 것뿐만 아니라, 적극적으로 그 사람을 조롱하고 비방하는 일에 가담해서 험담하고 인신공격을 한다고 한다. 다시 말하자면 그들은 샤덴프로이데라는 일종의 갑질 행세를 하며 일시적인 만족감과 우월감을 획득할 뿐 아니라, 그런 식의 공격적인 행동을 통해 자기 스스로의 열등감이나 콤플렉스를 해소하려 한다. 특별히 그런 뒤틀린 심보는 자격지심이나 열등감에 시달리는 사람일수록 더 많이 표출될 수 있다. 그와는 정반대로 경쟁의식이나 자존심이 강한, 소위 우월감 콤플렉스를 갖고 있는 사람들 안에서도 나타날 수 있는 현상이다.

대부분의 경우에 열등감이나 열등의식이 강한 사람은 자기보다 우월하거나 잘난 사람의 실패를 보면서 상대적인 우월감을 느끼게 된다. 일단 그런 식의 상대적인 우월감을 맛보고 나면 그 사람의 내면세계 깊숙이 잠재되어 있던 가해욕구가 살아나, 더 적극적으로 상대방을 저하시키거나 깔아뭉갬으로써 증폭된 만족감과 우월감을 얻으려 한다. 또한 그런 식의 심리작용으로 인해 대개 샤덴프로이데의 대상은 더 많은 쾌감이나 상대적인 우월감을 충족시켜줄 수 있는 소위 잘나가는 갑의 부류에 속하는 사람들이라고 한다. 예를 들면 자기보다 모든 면에 훨씬 더 월등하고 탁월했던 사람들이나 부러움과 선망의 대상이었던 연예인들, 흠모하던 유명인물이나 존경하던 권위의 인물들, 시기와 질투의 대상이었던 경쟁자들, 흠잡을 데 없이 완벽하게 보였던 얄미운 사람들, 교만하거나 잘난 척해서 밉살스러워 보였던 사람들 또는 스스로 똑똑한 척하거나 의로운 척하는 위선적인 사람들 혹은 자기를 무시하거나 손해를 끼쳤거나 거절했던 사람 등 여러 가지 유형의 사람들이 샤덴프로이데의 표적이 될 수 있다.

일단 그러한 유형의 사람들이 실패를 하거나 어려운 일을 당하게 되면, 많은 경우에는 당사자와는 전혀 상관도 없는 제3자들이 출몰하게 되는데, 그들은 스스로 상대적인 우월감과 정의감에 도취되어 온갖 갑질 행세를 할 뿐만 아니라 마치 자신들이 하나님의 방망이와 정의의 사자가 된 것처럼 응징자 노릇도 불사한다. 실패자가 대가 지불을 하는 것은 당연하다. 그러나 그 어느 누구도 실패한 사람에게 부당한 비방과 험담, 누명을 뒤집어씌워 인신공격할 권리는 없다.

삼인성호

삼인성호三人成虎라는 사자성어가 있다. 사람 셋이 모여서 작당을 하면 멀쩡한 대낮에 호랑이가 나타났다는 황당한 거짓말도 만들어 낼 수 있다는 뜻이다. 또한 세 사람이 서로 짜고 거짓말을 하면 안 믿을 사람이 없다는 의미를 내포하기도 한다. 즉 증인이 한두 명이면 믿기가 어려워도 세 사람 이상이 동일한 증언을 하면, 신빙성이 더해진다는 뜻이다. 이와 비슷한 의미를 내포한 증삼살인曾參殺人이라는 고사성어가 있다. 공자의 제자 중에 증삼이라는 제자가 있었다. 증삼의 어머니가 자기 아들이 살인을 했다는 말을 듣고, 처음에는 믿지 않다가 계속해서 세 사람이 같은 말을 하자 결국에는 그 말을 믿고 무서워서 담을 넘어 달아났다는 고사에서 유래되었다. 즉 세 사람이 우기면 효자인 자기 자식마저도 살인자라고 믿어버릴 만큼 말에는 위력이 있다는 뜻이다. 나중에 그 살인자는 공자의 제자 중삼이 아닌 같은 마을에 사는 동명이인의 인물이었다고 밝혀졌다.

"아니 땐 굴뚝에 연기나랴"라는 말은 옛말이고, 우리가 살고 있는 이 시대는 충분히 아니 땐 굴뚝에 연기가 나도록 만들어낼 수 있을 만큼 무서운 시대라는 사실을 기억해야 한다. 거짓말도 여러 번 반복해서 들으면 진실이 되어버릴 수 있다. 그것을 소위 '찌라시의 위력'이라고 하는데, 오늘날에는 미디어와 SNS를 통해서 전혀 확인되거나 검증되지 않은 내용들이 급속도로 확산되고 퍼져서, 결국에는 사실처럼 되어버리는 해프닝을 종종 접하게 된다. 성경에 "나쁜 소문을 퍼뜨리고 다니는 사람의 말은 맛있는 음식과 같아서 사람들은 그것을 삼키기 좋아한다"[10]라는 말씀이 있는데, 한마디 부정적인 말은 긍정적인 말보다 약 10배의 위력이 있다고 한다. 또한 99퍼센트가 거짓말이어도, 거기에 단 1퍼센트의 진실만 삽입시키면 사람들은 그 1퍼센트의 진실 때문에 99퍼센트의 거짓말을 다 믿어버린다는 연구 결과도 있다.

수년 전에 《보이지 않는 고릴라The Invisible Gorilla》라는 책을 읽은 적이 있다. 그 책에 보면 저자가 실험 대상자들에게 농구시합 비디오를 틀어주고, 약 5분에 걸쳐 흰색 유니폼을 입은 선수들 사이에 공이 몇 번 패스되는지를 세어보라는 내용이 나온다. 그리고 실험 결과 대다수의 실험자들은 그 숫자를 정확하게 맞췄다. 하지만 재미있는 사실은 그들은 숫자를 세는 데 정신이 팔려서, 농구 코트에 시커먼 고릴라가 어슬렁거리며 걸어다녔다는 사실을 전혀 모르고 있었다. 이처럼 인간의 눈과 귀는 얼마나 요사스럽고 불완전한지, 사람은 결국 자기가 보고 싶은 것만을 보고 듣고 싶은 것만을 듣는다.

인간은 각자 자기가 갖고 있는 편견이나 선입관의 절대적인 지배를 받고 있기 때문에, 어느 누구도 불완전한 주관적 사고의 한계를 벗어날 수 없다. 이 책의 저자 대니얼 사이먼스는 똑같은 거짓말도 반복해서 계속 듣다보면, 그 말이 마치 사실처럼 뇌리에 각인되어 결국에는 자기가 직접 보지도 듣지도 못한 일임에도 불구하고, 자기가 직접 보고 들은 것으로 인식한다는 충격적인 결론을 내리고 있다.

내 주위에서도 누가 실수나 실패를 했다고 하면, 사건의 진의가 밝혀지기도 전에, 먼저 사람들이 우르르 몰려들어 온갖 비방과 인신공격을 하는 것뿐만 아니라, 어떤 경우에는 누명까지 씌우고 돌팔매질을 해서 생매장시켜버리는 일들을 여러 번 목격했다. 예수께서 너희는 "겉모양을 보고 판단하지 말고 공정하게 판단하라"[1], 즉 진리대로 판단하라고 말씀하신다. 또 다른 곳에 보면 예수님이 충격적인 말씀을 하신다.

너희는 왜 내 말을 알아듣지 못하느냐? 내 말을 새겨들을 줄 몰라서 그런 것이 아니냐? 너희는 악마의 자식들이다. 그래서 너희는 그 아비의 욕망대로 하려고 한다. 그는 처음부터 살인자였고 진리 쪽에 서본 적이 없다. 그에게는 진리가 없기 때문이다. 그는 거짓말을 할 때마다 제 본성을 드러낸다. 그는 정녕 거짓말쟁이이며 거짓말의 아비이기 때문이다. 그러나 나는 진리를 말한다. 너희가 나를 믿지 않는 이유가 바로 여기 있다.[12]

예수님 말씀대로라면 우리 안에는 진리가 없을 뿐만 아니라 단한 번도 제대로 진리 편에 서본 적도 없는 악마의 자식들이요, 거짓말쟁이들인데 무슨 공정한 판단을 기대할 수 있겠는가? 거짓말을 할 때마다 마치 참을 말하는 것같이 한다고 하셨는데, 죄성으로 가득 찬 인간들은 진리를 분별하고 참을 말하는 법을 전혀 모르고 있다는 뜻이다. 물론 이 말은 누군가의 실패나 과실에 대해 판단하거나 말해서는 안 된다는 뜻이 아니다. 제3자의 입장에서 보면 당연히 판단하고 말할 수 있는 권리가 있다. 하지만 자신이 직접 보고 들은 사실과 진실을 말해야지, 아무 근거나 증거도 없이 거짓을 조장하고 날조해서 악성 루머를 퍼트리거나 모함해서는 안 된다는 뜻이다. 예수님이 황금률Golden Rule을 알려주셨다.

어떤 형제가 너에게 잘못한 일이 있거든 단 둘이 만나서 그의 잘못을 타일러주어라. 그가 말을 들으면 너는 형제 하나를 얻는 셈이다. 그러나 듣지 않거든 한 사람이나 두 사람을 더 데리고 가라. 그리하여 '두 사람이나 세 사람의 증언을 들어 확정하라'는 말씀대로 모든 사실을 밝혀라. 그래도 그들의 말을 듣지 않거든 교회에 알리고 교회의 말조차 듣지 않거든 그를 이방인이나 세리처럼 여겨라.[13]

대부분의 사람들은 숨어서 뒤로 모의를 하고 험담을 하지 정정당당하게 당사자를 찾아가서 대면하여 진실규명을 하거나 자초지종을 확인하는 경우는 거의 없다. 그러므로 어떠한 상황에서든지 예수님이 명하신 대로만 하면 아무런 문제가 없다. 그러나 예수님을 믿는다고 하는 신앙인들마저도 그 말씀대로 행하는 사람들이 거의 없다. 만일 어떠한 문제가 발생했다고 하면 뒤에서 작당하거나 선동하지 말고, 직접 당사자를 찾아가서 얼굴과 얼굴을 맞대고 대화해서 오해를 풀고, 담판을 져서 문제를 정면으로 돌파하라. 그것이 예수께서 권면하시는 방법이다. 결론적으로 누군가를 판단하거나 정죄하기 이전에, 먼저 무엇이 사실이고 아닌지, 무엇이 참이고 거짓인지 분석하여 육하원칙에 따라 정확한 사리판단을 하는 일이 더 중요하다.

듣는 기술

올해로 미국생활 43년차를 맞이한 나에게, 누군가가 한국인과 미국인 또는 한국 문화와 미국 문화의 차이점에 대해 묻는다면, 여러 가지 답이 나올 수 있겠지만 그중에서도 특별히 커뮤니케이션 또는 듣는 기술Listening Skill을 언급할 수 있다. 많은 경우에 한국인들 안에는 사실을 사실대로 말하고, 참을 참으로 말할 수 있는 판단력과 대화소통 능력이 미국인이나 서양 문화권에 사는 사람들에 비해 현저히 결여되어 있음을 보았다. 나는 한국인의 민족성이나 문화를 저하시키거나 왜곡시키려는 의도가 전혀 없다. 다만 단순히 객관적인 관점으로 볼 때, 미국인들에 비해 진실성이 많이 부족하다는 뜻이다. 또한 "목소리 큰 사람이 이긴다"라는 말이 있듯이 아무리 상식과 이치에 어긋나는 일이라 할지라도 무조건 우기고 밀어붙이다보면, 결국은 다 통한다는 식의 무대포 정신이 한국인 안에 있는 것 같다.

그러다보니 대화로 풀어가기보다는 억지를 쓰고 밀어붙이고 뒤집어씌우는 등 온갖 더러운 수단을 동원하고 고성을 지르고 혈기를 부리다가 결국에는 대화가 단절되고 관계가 깨지는 사례를 본다. 특별히 성경을 가르치면서도 여러 번 느낀 일이지만 많은 신자들은 강사가 분명 "아"라고 했는데, "어"라고 듣고 있고, 분명 "어"라고 했는데, "아"로 듣고 있는 놀라운 미스 커뮤니케이션을 여러 번 접했다. 사리판단과 대화소통 능력은 우선 정확하게 듣는 것으로부터 시작된다. 하지만 대부분의 한국인들은 훌륭한 경청자가 아니다. 또한 성질이 급해서인지 말이 끝나기도 전에 귀를 막아버리거나 대화가 끝나기도 전에 역정을 내고 자리를 떠나버리는 경우도 있다. 끝까지 대화를 통해 진상을 밝히거나 사실을 근거로 해서 결론을 내리는 것이 아니라, 오히려 각자 자기 나름대로 결론을 짓고 토의를 끝내버리는 경우를 종종 목격했다. 예수께서는 우리가 제대로 들어야 진리를 알게 되고, 진리를 알 때 곧 자유케 된다고 말씀하셨다. 즉 문제 해결의 키Key는 제대로 듣고 대화하는 데 있음을 기억하자.

사실과 진실과 진리의 차이

비슷한 말 같지만, '사실'과 '진실' 그리고 '진리'라는 말 사이에는 하늘과 땅 사이만큼의 커다란 차이가 있다. 특별히 세 단어의 의미를 살펴보자. 먼저 '사실'은 눈에 보이고, 들리는 것, 또한 인간의 두뇌로 감지하고 인식할 수 있는 것 그 자체다. 문자 그대로 팩트Fact, 실제 존재했던 일이라고 할 수 있다. 하지만 이미 살펴본 대로 인간의 눈과 귀 그리고 두뇌는 그 자체가 이미 불완전하기 때문에 많은 경우에 사실이 사실이 아닐 수도 있다. 즉 시각과 청각 그리고 두뇌의 한계로 인해, 인간은 극히 부분적으로만 보고, 듣고, 생각할 수밖에 없을 뿐만 아니라 개개인의 주관적인 편견과 선입관 또는 고정관념 때문에, 결국 모든 인간은 자기가 보고 싶은 것만 보고, 듣고 싶은 것만을 골라서 들을 수밖에 없는 본질적인 결함을 안고 있다는 뜻이다. 사람이 절대적인 사실이라고 확증할 수 있는 일마저도 사실은 진실이 아닐 수 있다.

하루는 공자님과 제자들이 양식이 떨어져 굶게 되었다. 다행히도 안회라는 제자가 양식을 구해와서 밥을 짓고 있었는데 공자님이 살짝 들여다보니, 괘씸하게도 안회가 밥을 한술 떠서 먼저 자기 입에 넣고 있는 것이 아닌가? 이를 본 공자님이 비유로 제자를 꾸짖으셨는데 안회는 "제가 밥을 짓다가 솥뚜껑을 열었는데, 그만 천장에서 흙덩이가 떨어져, 스승님께 드리기에는 더럽고 버리기에는 너무 아까워서, 그 부분만 제가 살짝 떠먹었습니다"라고 말하는 것이 아닌가? 이에 깨달은 공자님은 "나는 나의 눈을 믿었다. 그러나 나의 눈도 믿을 만한 것이 못되는구나. 나는 나의 머리를 믿었다. 그러나 이제는 나의 머리도 믿을 만한 것이 못되는구나. 마음을 보지 못한 내가 어리석었구나"라고 한탄했다는 이야기가 있다.

언젠가 내가 비즈니스 클래스를 타고 여행을 가다가 비행기 안에서 교인을 만난 적이 있다. 그 후 얼마 되지 않아 '이현수 목사는 퍼스트 클래스만 타고 다닌다'는 소문이 교회 안에 돌아 곤란했던 적이 있었다. 물론 비즈니스 클래스를 탔다고 해서 문제될 것은 없다. 다만 그 일의 내막인즉, 공항에 갔는데 나를 알아본 공항 책임자가 이코노미를 비즈니스 클래스로 업그레이드해줘서 공짜로 편안한 여행을 한 것뿐인데, 퍼스트 클래스를 타고 다닌다는 엉뚱한 소문이 났다. 이처럼 어떠한 말은 부분적으로는 사실일지 몰라도 진실은 아닐 수 있다. 결론은 눈에 속지 말고, 귀에 속지 말고, 자신의 생각이나 기억에 속지 말라는 것이다. 또한 사람의 말을 액면 그대로 받아들이기 전에, 먼저 그 내막과 의도와 동기를 알아야 한다는 뜻이다.

두 번째로 '진실'이란 눈으로 보고, 귀로 듣고, 생각하는 것뿐만 아니라 모든 내막과 의도, 동기를 포함한 포괄적이고 전체적인 사실이다. 즉 완전한 진리는 아니지만 참에 가까이 도달했다고 볼 수 있는 것이다. 미국에서는 법정 증언을 하기 전에, "나는 진실을 증언하겠습니다. 모든 진실을 증언하겠습니다. 오직 진실만을 증언하겠습니다"(I will tell the truth, the whole truth, nothing but the truth)라고 선서를 한다. 그와 같이 법정에서는 내가 직접 보고 들은 것이어야 효력이 있다. "그런 말을 들었는데요" 또는 "그런 일이 있었다고 하던데요"라는 식의 간접적인 증언은 인정되지 않을 뿐만 아니라, 그 어떠한 법적 효력도 발휘할 수가 없다. 사실은 내가 직접 보고 들은 것만큼만 사실이다. 그러나 그것마저도 온전히 믿을 만한 것은 못 된다. 보고 들은 것이 다가 아닐 수 있기 때문이다. 즉 총체적인 큰 그림과 전말을 다 보고, 속마음과 의도 그리고 내막과 동기 전부를 포괄적으로 파악했을 때에야 참 진실을 알 수 있다.

마지막으로 '진리'의 사전적 의미를 보면, '언제 어디서나 누구든지 승인할 수 있는 보편적인 법칙' 혹은 '사실이 분명하게 맞아떨어지는 명제, 현실, 실상'이라고 할 수 있다. 좀 더 구체적인 정의를 내리자면 진리는 시간과 공간을 초월한 영불변하는 사실이요, 또한 그와 더불어 모든 객관적인 사실 일체를 포함한 총괄적인 진실이라고 할 수 있다. 예수께서 "외모로 판단하지 말고 공의롭게 판단하라", 즉 진리로 판단하라고 말씀하셨는데, 그것이 곧 모든 판단의 참 기준이요, 척도이다. 진리가 아니면 어느 누구도 남을 판단하거나 정죄할 수 있는 권리나 자격이 없다. 아무리 우리 눈에 사실처럼 보이는 일이라 할지라도 실상은 거짓이요, 참이 아닐 수 있음을 알아야 한다.

제로 톨로런스Zero Tolerance, 무관용의 원칙

오늘날 대다수의 사람들 안에는 거짓과 진실을 구별하여 제대로 진실을 규명하고, 옳고 그름을 판별하여 진리대로 판단을 내릴 수 있는 분별력과 공정성이 결여되어 있다. 그래서인지 무슨 일이 일어났다고 하면, 먼저 조급하게 과잉반응하고 정죄하며 판단한 후 응징에만 급급할 뿐이지, 당사자와 증인들의 말을 들어 사실 여부를 입증하거나 사건의 내막과 동기를 파헤쳐 공정한 판결을 내리는 경우가 극히 드물다. 또한 누가 실수하거나 실패했다고 하면 그저 돌팔매질할 준비나 하지, 그러한 낙오자나 죄인들을 이해하려 하거나 수용하려는 포용성Tolerance이 결여되어 있다.

대부분의 경우에 우리의 포용성 레벨은 제로, 즉 빵점이라 할 수 있다(물론 죄와 악을 대하는 우리의 포용성은 절대적으로 제로여야만 한다). 뿐만 아니라 래리 크랩 박사가 말한 대로 교회 안에는 포용은

커녕, 온갖 편견과 판단 그리고 배타와 독선이라는 고정관념 아래, 마치 세관 검사관들과 같이 누가 무슨 죄를 짓고 있나 눈을 번뜩이며 사람들을 검열하는 '무서운 사람'들로 가득 차 있을 수 있다. 물론 이 말은 모든 실수나 죄를 다 포용하고 용납해야 한다는 뜻이 절대 아니다. 하지만 최소한 한 몸과 지체를 이루고 있다고 하는 교회 공동체 안에서만큼은 교우들이 실패하거나 죄를 지었다고 하면 (물론 공정한 징계와 대가 지불을 해야 하겠지만), 주님의 사랑으로 포용하고 회복시켜주는 것이 중요하다고 본다. 다만 안타깝게도 이미 각박해져버린 현대 교회 안에는 찾아보기 힘든 광경이다. 주님은 죄는 미워하고 죄인은 사랑하라 하셨는데, 우리는 죄도 죄인도 다 함께 배척해버리고 만 것이다.

〈미주 뉴스앤조이〉에 실린 최태선 목사님의 칼럼에서 읽은 글이 인상에 남는다.

새벽기도에 오래도록 한 번도 빠지지 않고 참석한 집사님의 눈길이 무섭습니다. 그분의 머릿속에는 새벽기도에 빠진 목사와 장로들의 빠진 횟수와 날자가 정확하게 기록되어 있습니다. 십일조를 정확하게 꼬박꼬박하는 신자의 눈길이 무섭습니다. 그분의 머릿속에는 십일조를 빼먹거나 제대로 하지 않는 동료 신자들의 목록이 빼곡히 들어 있습니다. 40일 금식기도를 다녀온 권사님의 눈길이 무섭습니다. 그분의 시선에는 '너는 왜 금식기도를 하지 않느냐'는 무언의 질타가 섞여 있습니다. 크고 건강한 교회를 다니는 성도가 무섭습니다. 그분의 말투에는 작고 별 볼일 없는 교회를 다니는 사람들에 대한 우월감이 넘쳐납니다. 무언가를 깨달은 '안티'가 무섭습니다. 그의 몸짓에는 깨닫지 못한 어리석은 사람들을 향한 손가락질이 배어 있습니다. 신학 박사 학위를 받은 신학자가 무섭습니다. 그분 앞에 서면 모든 사람들이 종류별로 차곡차곡 분류되어버리고 맙니다. 성도 수가 제법 되는 교회 목사들이 무섭습니다. 그분의 권위와 무게가 엄청난 압박으로 성도들을 찌그러트립니다.[14]

학업에 실패했다고 다그치는 부모를 향해 한 학생이 "나는 실패할 수도 없는 겁니까?"라고 절규했다. 마치 죽음이 '부인, 분노, 타협, 침체, 수용'이라는 다섯 가지 단계를 거치듯이, 실패도 일종의 단계와 과정을 거치게 된다. 하지만 오늘날의 문제는 누가 실패를 했다고 하면, 그러한 일련의 과정을 거치기도 전에 먼저 제3자들이 뛰어들어 실패자라는 낙인을 찍어 온갖 비방과 인신공격을 퍼붓고, 응징 공세를 하므로, 그 사람이 제대로 실패할 수 있는 기회와 권리마저 박탈해버리고 만다. 게다가 온갖 거짓과 누명까지 뒤집어씌워 그 사람의 인격과 존엄성마저도 짓밟고 깔아뭉개서, 결국에는 영원히 재기조차 할 수 없는 인생의 낙오자로 전락시켜버리고 만다.

미국 해병대원 사이에는 "우리 병사는 누구도 버려두지 않을 것이다!"(No Soldier Left Behind!)라는 원칙이 있다. 그런데 교회 안에서는 상처를 입은 주님의 군병들이 존재할 수가 없다. 상처를 싸매고 치유하여 회복을 시켜주기는커녕 오히려 다 죽어버리기 때문이다. 여러 번 언급했지만, 우리는 우리가 보고, 듣고, 알 수 있는 외면적인 사실 외에는 아무것도 모른다고 할 수 있다. 또한 비록 진실을 안다 해도 그것마저도 극히 부분적일 수 있다. 더군다나 예수님의 말씀대로 우리는 악마의 자식들이요, 진리와는 완전 거리가 멀다고 할 수 있다. 그러므로 인간은 어느 누구도 다른 사람을 판단하거나 정죄할 수 있는 권리나 자격이 없다. 갑질 행세를 하거나 누군가를 응징할 수 있는 자격은 더더구나 없다. 왜냐하면 모두 똑같은 죄를 범했기 때문이다.

이제 우리 가운데 실패를 한 믿음의 동지들과 친구들 그리고 우리의 가족들과 자녀들에게 실패할 수 있는 기회를 주어야 한다. 그들이 실패해서 완전히 바닥을 칠 때까지 참고 기다려주라! 또한 누가 실제로 망하는 과정을 거치고 있다면, 힘들겠지만 완전 쫄딱 망할 때까지 내버려두라. 더 나아가서 만일 우리의 자녀들이 실수를 했다면 오히려 그들에게 실패할 수 있는 기회를 주라. 물론 이 말은 남이 죄를 짓고 있는데 그냥 방관하고 있으라는 뜻이 아니다. 또한 모든 실수와 죄를 무조건 다 묵인하고 용납하라는 뜻도 아니다. 다만 우리가 섣불리 판단하거나 응징하기 이전에 먼저 하나님께서 그들 안에 역사하실 수 있도록 기회를 드리자는 말이다.

그러므로 행여나 누가 실패했다고 하면, 사람들이 해야 할 일이 있고 또한 하나님이 하셔야 할 일이 따로 있다. 사람들이 뛰어들어 간섭하기 전에, 먼저는 하나님께서 역사하시도록 기회를 드려야 한다. 하나님은 공의의 하나님이시다. 하나님은 필경 당신의 공의를 실현시키실 것이다. 그러므로 하나님이 일하실 것을 믿고 신뢰하라! 영어로는 "그에게 한번 기회를 주세요"(Give him a break)라는 표현법이 있는데 실패자들에게 다시 기회를 줄 수 있는 포용성이 우리 안에 있어야 한다. 할 수만 있다면 예수님이 말씀하신 대로 칠십 번씩일곱 번이라도 포용성 지수를 높이는 노력을 해야 한다. 그들은 분명 완전한 실패의 자리에서 주님의 은혜를 체험하게 될 것이다!

나는 당신을 이해합니다

실패한 사람들에게 격려와 힘이 되는 말이 세 가지가 있다. 첫 번째는 "나는 당신을 이해합니다"(I understand you)이다. 찬송가 중에 〈그 누가 나의 괴롬 알며〉라는 곡이 있는데, 과연 어느 누가 내가 거친 모든 역경과 고통을 이해해줄 수 있겠는가? 그러나 누군가 그것을 알고 이해해준다면, 모든 고통이 눈 녹듯이 사라지는 경험을 하게 된다. 두 번째는 "나는 당신을 믿습니다"(I believe you)이다. 성경에 욥이 그토록 자신의 순전함과 결백을 주장했지만, 하나님 외에는 단 한 사람도 그를 믿어주지 않았다. 특별히 불신과 배신으로 가득 찬 이 세상에서 나를 진정으로 믿어주는 사람을 만난다는 것은 천만금을 얻는 것보다 더 귀한 일이라 할 수 있다. 세 번째는 "나는 당신과 끝까지 함께 있겠습니다"(I am with you all the way)이다. 대부분의 사람들은 어느 정도까지는 함께할지 몰라도, 결국에 가서는 다들 틀어지고 만다. 물론 사람마다 각자 정당한 이유가 있겠지만 특별히 신의가 없기 때문이기도 하다. 또한 이 말은 무조건 실수나 실패한 사람들 편을 들어주거나 변호를 해줘야 한다는 뜻이 아니다. 다만 그들에게도 그들을 이해해주고 믿어주고 함께해줄 신실한 친구가 필요하다는 뜻이다.

하나님의 섭리

나는 지난 몇 년 사이에 몇 가지 인생의 대실패를 거치면서 온갖 비방과 모함 그리고 샤덴프로이데와 응징자들의 횡포를 몸소 체험했다. 더 나아가서 그러한 일들을 벌인 주동자들이 알고 보니 나의 측근과 추종자들이었기에 마음이 찢어지듯이 아팠고 힘들었다. 고통과 절망 가운데 뒹굴던 어느 날, 나는 그러한 모든 환경과 상황이 사람들이 저지른 일이 아니라 결국은 주님으로부터 왔다는 놀라운 사실을 깨닫게 되었다. 실상 그들은 내가 생각해왔던 대로 나를 대적하는 마귀나 원수가 아닌, 오히려 하나님의 섭리와 뜻 가운데 주님이 보내주신 사자Messenger들이었던 것이다.

주님은 50평생 오직 나 자신만을 위해 살며 나 자신만 사랑해왔던 병든 자아로 똘똘 뭉쳐 있는 괴물같이 추악한 '나'라는 존재를 드러내시고 처리하기 위해 그들을 보내주셨고, 실패라는 처절한 환경을 통해 나를 깨우치기 원하셨던 것이다. 결론적으로 그들은 주님이 직접 파송하신 하나님의 '천사'들이었다. 하지만 나는 그 놀라우신 주님의 섭리를 깨닫지 못하고 오히려 그 알량한 자존심과 하찮고 너덜너덜한 명예와 평판을 유지해보려고 잔머리를 굴렸고 썩어 문드러진 병든 자아를 변호하고 정당화하기에만 급급했다.

하지만 그 모든 역경과 고통의 끝에서 얻은 최종 결론은 비록 사람들이 나를 비방하기 위해 퍼트린 험담과 루머들이 대부분 거짓이요 모함에 불과했다 해도 진리의 관점으로 따지고 보면 결국 다 사실이었다는 놀라운 진리를 깨닫게 되었다. 즉 주님의 완전하신 빛 앞에 설 때, 나는 분명 그들이 비방했던 내용 그대로 거짓말쟁이요, 도둑놈이요, 삯꾼이요, 사기꾼이요, 행음자요, 위선자였다. 아니 더 정확한 참 실상을 말하자면 나는 그들이 비방하고 모함했던 내용들보다도 훨씬 더 가증스럽고, 흉악하고, 추잡스러운 '죄인의 괴수'였다. 하지만 그놈의 자존심, 체면, 위신, 명예, 평판이 도대체 무엇이기에 나는 그런 썩어질 것들을 잃지 않으려고 그토록 골머리를 앓고 버둥거렸던 걸까?

사도 바울이 말한 대로, 그 모든 것들은 결국 배설물이요, 영원이란 관점으로 보면 다 사라져버리고 마는 부질없는 일들이었다. 고작 그런 것들에 목을 매달고 발버둥을 쳤던가? 더 나아가서 분명 그토록 더럽고 추잡스런 죄악들을 범하고서도 마치 내가 순전한 사람인 양, 나의 결백을 주장하기 위해 "나는 절대 그런 사람이 아니에요!" "나는 그런 짓 안 했어요!"라는 식으로 입에 거품을 물고 발악하지 않았던가? 그러나 주님의 진리 앞에 나의 추악한 자아의 실체가 드러나는 순간, 나는 다시 한 번 십자가 앞에 폭삭 꼬꾸라질 수밖에 없었다.

실패의 결과는 진정 처절하고 참담할 수 있다. 또 한편으로는 억울하고 원통한 일일 수도 있다. 하지만 이제 그러한 모든 환경과 상황마저도 결국은 주님으로부터 왔다는 놀라운 하나님의 섭리를 깨닫고 묵묵히 십자가를 지고, 그 안에서 깨지고 부서지고 완전히 쫄딱 망해서 십자가에 못 박혀 죽으라!

예수께서 말씀하신다.

자기의 목숨을 사랑하는 사람은 잃을 것이요, 이 세상에서 자기의 목숨을 미워하는 사람은, 영생에 이르도록 그 목숨을 보존할 것이다.[15]

그것이 참 십자가의 진리요, 도(道)인 것이다!

6

고통의 끝에 도달하다

실패의 저주

실패는 실패 그 자체로 끝나는 것이 아니라, 그 결과로 말미암아 혹독한 대가 지불이 뒤따르게 된다. 하지만 사실 그 정도의 대가 지불은 서곡에 불과할 뿐, 이제 훨씬 더 무섭고 잔혹한 실패의 저주가 나에게 임할 수 있다. 사실 실패를 하거나 망하는 일도 내 마음대로 할 수 있는 일은 아니었지만, 실패 그 이후의 일들은 더더구나 내 마음대로 되지 않을 것이다. 이제 주님은 도저히 피할 수도, 감당할 수도 없는 무서운 환경 속으로 나를 몰아넣으셔서 괴물 같은 나의 존재를 다루시고, 결국에는 흉측한 자아를 십자가에 못 박아 죽이는 놀라운 십자가의 역사를 일으키길 원하신다. 그것이 곧 실패의 절정이요, 동시에 영적인 관점으로 보자면 축복이기도 하다.

특별히 그러한 실패의 저주는 약 네 가지 단계 또는 과정을 통해 실패한 사람들에게 임하게 되는데, 첫 번째는 멸시Despisement, 두 번째는 거절Rejection, 세 번째는 배신Betrayal, 마지막 네 번째는 버림Abandonment이라고 할 수 있다.

멸시

당신은 실패해보았는가? 쫄딱 망해본 적이 있는가? 사람들은 당신을 절대 가만히 내버려두지 않을 것이다. 이미 여러 번 언급했듯이, 당신이 일단 실수하거나 실패하게 되면 사람들에게 약점이 잡히고, 대적들의 밥이 되어버리고 만다. 그들은 마치 징그러운 벌레를 보듯이 당신을 멸시하고, 조롱하고, 짓밟고 깔아뭉개서, 사람 취급조차 하지 않을 것이다. 특별히 성경에 나타난 모든 인물 가운데서도 간음과 살인이라는 대실패와 죄를 범한 다윗 왕의 시를 읽다보면, 파란만장했던 생애를 통해 그가 겪었던 모든 멸시와 수모를 폐부로 느낄 수 있게 된다.

나는 사람도 아닌 구더기, 세상에서 천더기, 사람들의 조롱거리, 사람마다 나를 보고 비쭉거리고 머리를 흔들며 빈정댑니다.[1]

나는 사람들의 조소거리가 되고, 그들은 나를 볼 때마다, 머리를 절레절레 흔들면서 멸시합니다.[2]

이 몸이 받는 수치를 주께서 아십니다. 창피와 모욕당한 것 주께서 아십니다. 수치에 수치를 당하니 심장이 터지려고 합니다. 이 기막힌 쓰라림, 가실 길이 없사옵니다. 동정을 바랐으나 허사였고, 위로해줄 이를 찾았으나 아무도 없었습니다. [3]

더 나아가서 이제 그런 식의 멸시, 천대, 수모는 이미 나의 통제권을 벗어난 일이기 때문에, 정당하냐 부당하냐, 공평하냐 불공평하냐를 떠나서 무차별적으로 당신에게 임할 수 있다. 특별히 사람들이 그런 식으로 당신을 멸시하고 함부로 대할 수 있는 가장 정당한 이유는, 그들은 실패나 죄의 결과로 말미암아 당신이 하나님께로부터 버림받았다는 확신을 갖고 있기 때문이다.

물론 당신이 실제로 하나님께 버림을 받았는지 아닌지는 그 어느 누구도 알 길이 없다. 더 정확히 말하자면 사실 당신 자신도 알 길이 없다. 왜냐하면 끝까지 가보지 못했기 때문이다. 하지만 그들은 당신이 이미 하나님께 버림받았다고 확신에 차 단정을 내렸기 때문에 당신을 마음껏 저주하고 짓밟을 수 있는 것이다. 다윗은 대실패를 체험한 후에 그런 식의 수모와 환란을 당하는데 그 장면이 성경 안에 다음과 같이 묘사되어 있다.

다윗 왕이 바후림에 다다랐을 때였다. 사울의 친척 하나가 거기에서 나오면서 입에 담지 못할 욕설을 퍼부었다. 그는 게라의 아들로서 이

름은 시므이였다. 그는 왕과 신하들, 그리고 좌우에 모시고 선 군인과 장교들에게 마구 돌팔매질을 하며 이런 말로 다윗을 욕하는 것이었다. "꺼져라! 이 살인자야, 꺼져라! 이 불한당 같은 놈아, 사울 일족을 죽이고 나라를 빼앗은 놈, 그 원수를 갚으시려고 이제 야훼께서 이 나라를 네 손에서 빼앗아 네 아들 압살롬의 손에 넘겨주신 것이다. 이 살인자야, 네가 이제 죄 없는 사람 죽인 죄를 받는 줄이나 알아라."4

이런 모습을 본 다윗의 군장 아비새가 보다못해 왕에게 말했다.

"이 죽은 개만도 못한 놈이 무엄하게도 임금님을 욕하는데 그냥 내버려두십니까? 제가 당장 건너가 목을 자르겠습니다."5

하지만 그러한 혹독한 저주와 수모에도 불구하고 다윗은 오히려 이렇게 답하고 있다.

'이건 네가 상관할 일이 아니다. 여호와께서 나를 저주하라고 말씀하셨기 때문에 그가 나를 저주하고 있다면 누가 그에게 네가 어째서 이렇게 하느냐?고 말할 수 있겠느냐? 내 몸에서 난 아들도 나를 죽이려고 하는데 하물며 이 베냐민 사람이야 말할 게 있겠느냐? 여호와께서 저에게 그렇게 하라고 말씀하신 것이니 내버려두어라. 어쩌면 여호와

께서 내가 당하는 어려움을 보시고 오늘의 이 저주로 인해서 나를 축복해주실지도 모른다.'[6]

실패의 결과는 멸시와 천대이다. 안타까운 일이지만 실패한 사람은 누구나 이러한 저주를 당하게 된다. 다만 한 가지 확실한 것은 당신이 비록 실패하고 죄를 지었다 할지라도 하나님은 절대 당신을 버리지 않으신다는 사실이다. 오히려 하나님께서는 선지자 이사야를 통하여 이렇게 말씀하신다.

시온이 말하기를 "주님께서 나를 버리셨고, 주님께서 나를 잊으셨다" 하는구나. "어머니가 어찌 제 젖먹이를 잊겠으며, 제 태에서 낳은 아들을 어찌 긍휼히 여기지 않겠느냐! 비록 어머니가 자식을 잊는다 하여도, 나는 절대로 너를 잊지 않겠다."[7]

또 말씀하신다.

나는 너의 악행을 먹구름처럼 흩어버렸고 너의 죄를 뜬구름처럼 날려 보냈다. 나에게 돌아오너라. 내가 너를 구해내었다.[8]

염려하지 말고 두려워하지 말고 주님께로 돌아오라. 주님이 당신을 품어주실 것이다.

거절

실패한 사람들이 당하는 두 번째 저주는 '거절'이다. 당신이 실패를 하게 되면 주위에 있는 많은 사람들은 당신을 격려하고 위로하게 될 것이다. 그러나 계속 거듭해서 실패하면 자신도 모르는 사이에 한두 명씩 당신 곁을 떠나게 될 것이고, 결국에는 모든 사람이 당신을 거절하게 될 것이다. 사실 성경 인물 가운데 가장 처참하게 망한 인물은 단연 욥이라 할 수 있다. 물론 정확히는 하나님의 섭리 가운데 사탄에게 시험을 받아 환란을 당한 것이다. 하지만 인간적인 관점으로 보면 그는 완전 쫄딱 망했다고 할 수 있다.

욥은 당대 최대 갑부요, 의인이었다. 하지만 그는 정말 문자 그대로 단 하루 만에 어마어마했던 전 재산을 다 날려버렸고, 대형 참사로 인해 열 자녀를 한꺼번에 다 잃어버리고 말았다. 또 얼마 지나지 않아 (어떤 성경학자들은 문둥병이나 혹은 헤르페스 바이러스로 인한 악성 종양이나 대상포진일 것이라고 추측하는데) 온몸에 끔찍한 악창이 나는, 상상을 초월하는 질병을 앓게 된다. 만일 '삼재'라는 것이 있다면 바로 욥을 두고 하는 말일 것이다.

사람에게 어려운 일이 생기면 항상 한 가지가 아니라, 여러 일들이 한꺼번에 복합적이며 연쇄적으로 정신없이 몰아닥친다. 성경에 보면 선지자 아모스가 "사자를 피하다가 곰을 만나거나 혹은 집에 들어가서 손을 벽에 대었다가 뱀에게 물림 같도다"라고 비유로 말하는 구절이 있는데, 엎친 데 덮친 격으로 정말 일이 안 되려면 사자는 피했지만 곰을 만나게 되고 또 요행히 곰을 피해서 도망을 갔는데 결국에는 자기 집에 들어가서 뱀에게 물리고 마는 참변을 당하게 된다. 사람이 실패를 하면 항상 이런 식의 실패의 연쇄반응들이 일어나게 되는데, 사실 제3자의 입장에서 보면 충분히 그러한 모든 일들을 (단순한 불행이나 불운 정도가 아닌) 하나님의 저주라고 해석하고 단정지을 수 있다.

욥의 경우도 마찬가지이다. 욥의 세 친구, 엘리바스와 빌닷과 소발은 분명 욥의 자녀들의 죽음을 조문하고 재앙을 당한 욥을 위로하고 격려하기 위해 왔다. 그러나 시간이 흐르면서 상황 판단이 되기 시작하자, 욥을 위로하기는커녕 오히려 인과응보적인 논리를 사용해서 욥을 추궁하고 정죄하기 시작한다. 그들은 욥이 하나님께 (숨겨져 있는) 죄를 범했기 때문에 하나님께 저주를 받고 버림을 받아 이런 재앙을 당하는 것이라고 믿었다.

결국 그들은 욥을 잔혹하게 정죄하고 인신공격을 할 뿐만 아니라, 완전 쫄딱 망해서 길바닥에 내려앉은 욥에게 지울 수 없는 상처를 입히고, 결국에 가서는 그의 가슴에 비수를 꽂고 만다. 그것이 바로 실패한 사람들이 누구나 다 거칠 수밖에 없는 '거절'이라는 저주이다.

대다수의 사람들은 사건의 초기에는 (엉겁결일지는 모르지만) 당신을 이해해주는 척도 하고 더불어 위로와 격려도 아끼지 않고 해줄 수 있다. 그러나 일단 상황판단이 되고 나면, 당신을 거절하고 하나둘씩 떠나가기 시작할 것이다(물론 이 말은 그들이 잘못되었다는 뜻이 아니다. 다만 그것이 인간의 참 본질이라는 의미일 뿐이다).

욥은 결국 자신의 아내, 가장 절친했던 세 친구 그리고 주위 모든 사람들로부터 거절과 버림을 당하고 만다. 그 당시 열 자녀와 온 재산 그리고 건강마저도 잃어버리고 알거지에 노숙자 신세가 되어버린 욥이 당한 거절감이란 상상을 초월했을 것이다. 사실 실패는 실패 그 자체보다도, 사람들로부터 오는 샤덴프로이데나 거절감이 더 괴롭고 고통스럽다고 할 수 있는데, 욥의 참담한 심정이 다음 구절 안에 잘 묘사되어 있다.

아, 이 원통한 심정을 저울질하고 이 재앙도 함께 달아보았으면. 바닷가 모래보다도 무거우리니 나의 말이 거칠다면, 그 때문이리라.[9]

너희는 모두 나를 위로하러 온 것이 아니라 오히려 나를 괴롭히려고 온 자들이구나![10]

한때는 내 기도에 하나님이 응답하신 적도 있지만, 지금 나는 친구들의 웃음거리가 되고 말았다. 의롭고 흠 없는 내가 조롱을 받고 있다. 고통을 당해보지 않은 너희가 불행한 내 처지를 비웃고 있다. 너희는 넘어지려는 사람을 떠민다.[11]

네가 언제까지 내 마음을 괴롭히며, 어느 때까지 말로써 나를 산산조
각 내려느냐? 너희가 나를 모욕한 것이 이미 수십 번이거늘, 그렇게
나를 학대하고도 부끄럽지도 않으냐? 참으로 내게 잘못이 있다 하더
라도, 그것은 내 문제일 뿐이고, 너희를 괴롭히는 것은 아니다. 너희
생각에는 너희가 나보다 더 낫겠고, 내가 겪는 이 모든 고난도 내가
지은 죄를 증명하는 것이겠지. 그러나 이것만은 알아야 한다. 나를
궁지로 몰아넣으신 분이 하나님이시고, 나를 그물로 덮어씌우신 분
도 하나님이시다.¹²

억울하다고 소리쳐도 아무 대답이 없고 호소해 보아도 시비를 가릴
법이 없네.¹³

너희는 내 친구들이니, 나를 너무 구박하지 말고 불쌍히 여겨다오.
하나님이 손으로 나를 치셨는데, 어찌하여 너희마저 마치 하나님이라
도 된 듯이 나를 핍박하느냐? 내 몸이 이 꼴인데도, 아직도 성에 차지
않느냐? 아, 누가 있어 내가 하는 말을 듣고 기억하여주었으면! 누가
있어 내가 하는 말을 비망록에 기록하여주었으면! 누가 있어 내가 한
말이 영원히 남도록 바위에 글을 새겨주었으면! 그러나 나는 확신한
다. 내 구원자가 살아 계신다. 나를 돌보시는 그가 땅 위에 우뚝 서
실 날이 반드시 오고야 말 것이다.¹⁴

이 말씀들을 읽다보면 극심한 거절감과 배신감으로 인해 절규하고 있는 욥의 원통함이 느껴진다. 그러나 안타깝게도 하나님 외에는 그 어느 누구도 욥의 결백을 믿어주지 않았다. 또한 그 어느 누구도 욥의 편이 되어준 사람도 없고, 욥과 함께 끝까지 가준 사람도 없다. 기억하라! 완전 쫄딱 망하고 나면 아무도 당신 편이 되어주지 않을 것이다. 당신의 친구들, 동료들, 교우들, 하물며 당신의 가족들마저도 당신을 거절하고 등을 돌리게 될 것이다.

성경 다른 곳을 보면 다윗도 욥 못지않게 처절하게 그의 거절감을 호소하고 있다.

나의 사랑하는 자와 친구들이 내 상처를 바라보곤 비켜섭니다. 가족들마저 나를 멀리합니다. 내 목숨을 노리는 자들이 올무를 놓고, 내 불행을 바라는 자들이 악담을 퍼부으며, 온종일 해칠 일을 모의합니다. [15]

배신

실패의 가장 무서운 저주가 있다면 그것은 아마도 배반, 즉 배신을 당하는 일일 것이다. 대부분의 사람들은 주위에 있는 사람들이 다 "나를 사랑하고 있다!"라는 망상 속에 살아가고 있다. 하지만 그것은 큰 착각과 오산이다. 인간은 언제든지 다른 사람을 배신할 수 있는 가능성을 내포하고 있다. 그것이 인간의 연약한 본질이기 때문이다.

이미 살펴본 대로 하나님의 말씀을 거역하고 불순종함으로써 야기된 인간의 죄성은 배반과 배신이라는 인격적인 결함으로 모든 사람 안에 자리매김하고 있다. 다만 문제는 그런 식으로 잠재되어 있던 죄성이 혹 이해관계가 틀어지거나 당사자가 큰 상처를 입거나 해를 당했을 때 배신이나 보복을 통해 표출될 수 있다. 그러므로 사실 배신을 당했다는 표현은 극히 상대적이라 할 수 있다. 왜냐하면 상대방의 관점으로 보면, 그것은 배반이 아닌 오히려 그들이 받은 상처나 배신에 대한 정당방위요, 당연한 보복행위라고 생각할 수 있기 때문이다. 즉 그들은 그들이 먼저 해를 입고 상처를 받았기에 당연히 배신할 수밖에 없다는 식으로 그들의 행위를 충분히 정당화할 수 있다.

오늘날 이 시대는 사람들이 배신을 밥 먹듯이 하는, 모든 신의가 다 사라져버린 시대라 할 수 있다. 세상에는 그 어느 누구도 진정으로 믿고 신뢰하여 마음을 줄 수 있는 사람이 없다. 그래서일까, 성경에 보면 "예수께서는 그들에게 마음을 주지 않으셨다. 그것은 사람들을 너무나 잘 아실 뿐만 아니라 누구에 대해서도 사람의 말은 들어보실 필요가 없으셨기 때문이다. 예수께서는 사람의 마음속까지 꿰뚫어보시는 분이었다"라는 구절이 있다.

사실 실패가 가장 처참하고 참담하게 느껴질 때는 바로 당신이 믿고 신뢰했던 측근들로부터 배신을 당할 때일 것이다. 더욱이 당신이 의지하고 사랑했던 당신의 친구, 동료, 교우들 하물며 당신이 은혜를 베풀고 도움을 주었던 사람들까지도 당신을 배반할 수 있다. 아니 최악의 경우에는 가족이나 사랑했던 배우자나 연인마저도 당신을 배신할 수 있다. 앞서 살펴본 대로 다윗은 인생의 대실패를 체험한 후 주위 사람들로부터 온갖 멸시와 조롱, 거절과 배신을 당하게 되는데, 그 내용들이 시편 곳곳에 자세히 묘사되어 있다.

그 악한 증인들이 일어나 알지도 못하는 일을 캐물으며 선을 악으로 갚고, 이 목숨을 노렸사옵니다. 그들이 병들었을 때 나는 자루옷 걸치고 심신이 다 닳도록 재계를 하며 기도에 또 기도를 거듭거듭 올렸고 친구처럼, 동기처럼 빌어주었으며, 굴건제복을 하고 모친상이라도 입은 듯이 슬퍼했사옵니다. 내가 넘어지자 그들은 오히려 깔깔대며 모여들고 모여서는 느닷없이 때리고 사정없이 찢사옵니다. 그들은 비웃고 조롱하고 나를 보고 이를 갈았습니다.[16]

내 원수들은 나에게, '저가 언제나 죽어 기억에서 사라질까?' 하고 악담하는구나. 나를 만나러 오는 자들이 겉으로는 다정한 척하면서도 속으로는 비방하는 말을 꾸며 나가서는 그것을 퍼뜨리고 다닌다. 나를 미워하는 자들이 나에 대해서 서로 수군거리고 나를 해할 악한 계획을 세우며 '저가 고질병에 걸렸으니 다시는 병상에서 일어나지 못하리라' 하는구나. 심지어 내가 신뢰하고 내 빵을 먹던 나의 가장 친한

친구까지도 나를 배반하였다.[17]

나를 비난하는 자가 차라리, 내 원수였다면, 내가 견딜 수 있었을 것이다. 나를 미워하는 자가 차라리, 자기가 나보다 잘났다고 자랑하는 내 원수였다면, 나는 그들을 피하여서 숨기라도 하였을 것이다. 그런데 나를 비난하는 자가 바로 너라니! 나를 미워하는 자가 바로, 내 동료, 내 친구, 내 가까운 벗이라니! 우리는 함께 두터운 우정을 나누며, 사람들과 어울려 하나님의 집을 드나들곤 하였다. 그들이 머무르는 곳, 그곳에는 언제나 악이 넘쳐흐르는구나. 죽음아, 그들을 덮쳐라. 산 채로 그들을 음부로 데리고 가거라![18]

나의 동무는 자기 친구인 나를 배반하고 자기가 한 약속을 어겼다. 그의 입은 버터보다 매끄러우나 그 마음속에는 전쟁이 일고 있으며 그의 말은 기름보다 부드러우나 칼처럼 날카롭다.[19]

악한 자와 속이는 자가 일제히, 나를 보고 입을 열고, 혀를 놀려서 거짓말로 나를 비난합니다. 미움으로 가득 찬 말을 나에게 퍼붓고, 이유도 없이 나를 맹렬하게 공격합니다. 나는 그들을 사랑하여 그들을 위하여 기도를 올리건만, 그들은 나를 고발합니다. 그들은 선을 오히려 악으로 갚고, 사랑을 미움으로 갚습니다.[20]

이제 세상 모든 사람들이 당신을 사랑하고 있다는 식의 착각과 망상에서 빨리 깨어나야 한다. 당신이 삼재를 만나 쫄딱 망하고, 사면초가 궁지에 몰리게 되면, 셰익스피어의 희곡 〈줄리어스 시저〉에 나오는 "브루투스, 너마저!"라는 시저의 마지막 대사와 같이 당신이 믿고 신뢰했던 마지막 한 사람까지도 당신을 배신하고 떠나게 될 것이다. 특별히 사람이 그렇게 배신을 당하거나 (혹은 실연을 당하게 되면) 비수로 심장을 도려내는 듯한 극심한 고통을 당하게 된다. 몇 년 전에 발표된 의학논문에 의하면, 그때 배신을 당한 사람이 받는 고통이란 정신적인 것뿐만 아니라, 동시에 마취가 없이 심장절개 수술을 받는 정도만의 극심한 육적인 고통과 증상들이 뒤따른다고 한다. 소위 "가슴이 찢어지듯이 아프다"라는 말이 실제 현상이 될 수 있다. 문자 그대로 배신이란 사람의 가슴에 비수를 꽂는 행위인 것이다.

버림

인생은 잔혹하고 매정하다. 당신이 실패하고 나면 믿는 도끼에 발등이 찍힌다는 말처럼 당신이 가장 신뢰하고 사랑했던 최후의 한 사람까지도 당신의 뒤통수를 치고 떠나게 될 것이다. 이제 당신은 멸시와 조롱을 당하는 것뿐만 아니라, 사람들에게 거절과 배반을 당해 완전히 버림을 받게 될 것이다. 당신이 도움을 가장 필요로 할 바로 그때에 사람들은 당신을 버리게 될 것이다. 결국 당신은 모든 사람들에게 잊힐 것이고, 다윗의 시와 같이 광야의 당아새와 부엉이 같이, 온 세상에 홀로 남게 될 것이다.

나는 광야의 사다새(당아새)처럼 되었고 황폐한 곳의 부엉이처럼 되었습니다. 내가 뜬눈으로 밤을 새우니 지붕 위의 외로운 새와 같습니다. 내 원수들이 하루 종일 나를 모욕하고 나를 조롱하는 자들이 내 이름을 저주의 대명사로 쓰고 있습니다. 내가 재를 음식처럼 먹고 눈물을 음료수처럼 마십니다. … 내 인생이 저녁 그림자 같고 시들어가는 풀처럼 되었습니다. [21]

주님께서 내 사랑하는 사람들과 이웃을 내게서 떼어놓으셨으니, 오직 어둠만이 나의 친구입니다. [22]

뿐만 아니라 어느 순간이 되면 사람들뿐만 아니라 온 세상도 하물며 하나님마저도 당신에게 등을 돌리는 날이 오게 될 것이다.

나의 하느님, 나의 하느님, 어찌하여 나를 버리십니까? 살려달라 울부짖는 소리 들리지도 않사옵니까? 나의 하느님, 온종일 불러봐도 대답 하나 없으시고, 밤새도록 외쳐도 모르는 체하십니까?[23]

중세시대의 영성가들은 그러한 체험을 소위 '영혼의 깊은 밤'(또는 영적 침체)이라고 표현하기도 했다. 이제 그런 극심한 고독^{Solitude}과 홀로서기가 당신의 일상이 될 것이다. 그러한 암담한 기간을 거치는 동안에는 이제껏 당신이 즐기고 누렸던 하나님의 임재가 당신을 떠나가게 될 것이요, 당신은 자신의 존재뿐만 아니라 하나님의 존재마저도 회의하게 되는 혹독한 시험과 광야의 기간을 거치게 될 것이다. 테레사 수녀는 "하나님은 침묵의 친구이십니다"라는 말을 남겼는데, 그 기간 동안에는 기도의 줄마저도 끊어지게 된다. 다시 한 번 시편 기자의 탄식에 귀를 기울여보자.

당신께서 뜬눈으로 밤을 새우게 하시오니 너무나도 지쳐서 말도 못하겠습니다. 지나간 옛일이 눈앞에 선하고 흘러간 세월이 머리를 맴돕니다. 그때의 일을 생각하여 밤새도록 한숨짓고 생각을 되새기며 속으로 묻습니다. "주께서는 영원히 나를 버리시려는가? 다시는 은혜를 베풀지 않으시려나? 한결같은 그 사랑, 이제는 그만인가? 그 언약을 영원히 저버리셨는가? 하느님께서 그 크신 자비를 잊으셨는가? 그의 진노가 따스한 사랑을 삼키셨는가?"²⁴

내 영혼이 하나님, 곧 살아 계신 하나님을 갈망하니, 내가 언제 하나님께로 나아가 그 얼굴을 뵈올 수 있을까? 사람들은 날이면 날마다 나를 보고 '너의 하나님이 어디 있느냐?' 하고 비웃으니, 밤낮으로 흘

리는 눈물이 나의 음식이 되었구나.[25]

우울증

앞에서 살펴본 멸시, 거절, 배신 그리고 버림이라는 실패의 저주는 실패한 모든 사람들이 거치는 일련의 과정이라고 할 수 있다. 사실 누구든지 그러한 과정을 거치고 나면 우울증에 걸릴 수밖에 없을 정도로 실패의 결과란 참혹하다. 나도 천성이 비교적 낙천주의적이요, 꽤나 긍정적인 사고관을 갖고 있다고 자부해왔지만, 몇 번에 걸친 실패와 혹독한 실패의 저주를 거치면서 영락없이 우울증에 빠져들고 말았다. 솔직히 말하자면 불과 수년 전까지만 해도 모든 것이 다 행복하고 형통했기 때문에 내게 그런 병이 생기리라고는 상상도 못했다. 그런 질병이 있다는 것조차 모를 정도로 우울증에 대해서는 무지했었다.

미국 통계에 의하면, 미국인의 약 25퍼센트가 우울증과 결부된 정신질환을 앓고 있다고 한다. 한국의 경우는 잘 모르지만 한 가지 확실한 것은 미국이나 한국이나 할 것 없이 실패하여 망한 사람들 가운데 최소한 반 이상이 현재 우울증을 앓고 있든지 아니면 앓은 경험이 있다고 한다.

우울증은 지속적으로 슬픔이나 좌절감이 느껴지고 삶에 아무 낙이나 기쁨이 없을 뿐 아니라, 일생생활을 영위한다는 것 자체가 불가능해질 정도로 극심한 무력감과 절망감에 시달리게 되고, 심지어는 살고자 하는 의지마저도 송두리째 앗아가는 무서운 질병이다. 그 외에도 우울증은 의욕상실, 집중력과 기억력 감소, 식욕 저하, 체력 저하, 정체성 혼돈, 목적의식 상실, 피해의식, 대인기피, 불안, 초조, 짜증, 두통, 수면장애, 자살충동 등 여러 가지 복합적인 육적, 정신적 증세를 동반하는 21세기형 현대병이다. 나는 우울증이 "나는 좀 우울하다"라는 감정 정도인 줄만 알았지, 그토록 치명적인 정신질환이라는 것은 전혀 몰랐다.

특별히 우울증 증세가 절정에 달했을 때는 24시간 죽고 싶은 생각만 들었다. 마치 가위에 눌려 밑도 끝도 없는 절망의 늪 속으로 빠져들어가듯이, 죽음의 어두운 그늘이 나의 존재 전부를 사로잡았다. 아무리 생각해도 내가 살아 있어야 할 아무런 의미나 목적을 찾을 수가 없었다. 자살하면 안 된다는 생각을 하면서도 만일 죽을 수만 있다면 지금 당장 죽고 싶다는 생각이 들었다.

잠자리에 들면 제발 일어나지 말고 이대로 땅속으로 들어가 죽어버렸으면 좋겠다는 생각이 들었고, 아침에 일어나면 도저히 침대에서 나올 수가 없어서 하루 종일 침대에 누워 웅크린 상태로 지낸 적이 한두 번이 아니었다. 아무도 만나고 싶지 않았고, 빛 자체가 보기 싫어서 커튼을 걷지 않은 상태로 수개월을 지낸 적도 있었다. 또한 스스로 할 수 있는 일이 아무것도 없는 것 같다는 극심한 무력감이 몰려와서 눈동자를 돌리는 게 싫었고, 손가락 하나를 움직일 수

가 없어서, 냉장고 문을 열고 물 한 잔을 마시는 일조차 불가능할
정도였다.

절대 좌절

성경 가운데 가장 침울하고 비관적인 말씀이라고 하는 시편 88편
의 말씀을 인용하면 그 당시 나의 심령의 상태가 어느 정도 표현될
수 있을 것 같다.

아, 나는 고난에 휩싸이고, 내 목숨은 스올의 문턱에 다다랐습니다.
나는 무덤으로 내려가는 사람과 다름이 없으며, 기력을 다 잃은 사람
과 같이 되었습니다. 이 몸은 또한 죽은 자들 가운데 버림을 받아서,
무덤에 누워 있는 살해된 자와 같습니다. 나는 주님의 기억에서 사라
진 자와 같으며, 주님의 손에서 끊어진 자와도 같습니다. 주님께서는
나를 구덩이의 밑바닥, 칠흑같이 어두운 곳에 던져버리셨습니다. 주
님은 주님의 진노로 나를 짓눌렀으며, 주님의 파도로 나를 압도하셨
습니다. 주님께서는 나의 가까운 친구들마저 내게서 멀리 떠나가게
하시고, 나를 그들 보기에 역겨운 것이 되게 하시니, 나는 갇혀서 빠
져나갈 수 없는 몸이 되었습니다. 고통으로 나는 눈마저 흐려졌습니
다. 주님, 내가 온종일 주님께 부르짖으며, 주님을 바라보면서, 두 손
을 들고 기도하였습니다. … 주님께서 내 사랑하는 사람들과 이웃을

내게서 떼어놓으셨으니, 오직 어둠만이 나의 친구입니다.[26]

만일 내게 신앙이 없었더라면, 또 천국과 지옥에 대한 확신이 없었더라면, 나는 분명 자살하고 말았을 것이다. 사실 자살은 모든 소망이 사라졌을 때 최종 수단으로 하는 것인데, 끊임없는 실패감, 패배감, 거절감, 배신감, 좌절감 그리고 하나님이 나를 버리셨다는 절망감이 몰려와 사망의 음침한 골짜기 안으로 나를 계속 끌어당겼다. 동시에 심장을 비수로 도려내는 듯한 극심한 고통이 나의 영혼육 안에 임했다. 한마디로 이제 더 내려갈 수 없는 '나'라는 존재의 한계점에 도달했던 것이요, 절대 좌절과 절망의 순간을 맞이하게 된 것이다.

사람이 "아이고 죽겠네!"라는 말을 할 정도면 그나마 상태가 양호하다는 뜻이다. 사람이 완전 막다른 코너에 몰려 존재의 한계점에 도달하게 되면 망연자실하게 되는데, 그때는 단순히 한탄이나 신음소리도 아닌 존재의 가장 깊은 곳에서부터 영혼의 절규가 터져나오게 된다. 다시 한 번 시편 기자의 부르짖는 소리에 귀를 기울여보자.

여호와여, 내가 절망의 늪에서 주께 부르짖습니다. 여호와여, 내 소리를 듣고 나의 간절한 기도에 귀를 기울이소서.[27]

내가 고난을 받을 때에, 주님의 얼굴을 숨기지 마십시오. 내게 주님의 귀를 기울여주십시오. 내가 부르짖을 때에, 속히 응답하여주십시오. 아, 내 날은 연기처럼 사라지고, 내 뼈는 화로처럼 달아올랐습니다. 음식을 먹는 것조차 잊을 정도로, 내 마음은 풀처럼 시들어서, 말라버렸습니다. 신음하다 지쳐서, 나는 뼈와 살이 달라붙었습니다. [28]

고통으로 나는 눈마저 흐려졌습니다. 주님, 내가 온종일 주님께 부르짖으며, 주님을 바라보면서, 두 손을 들고 기도하였습니다. 주님은 죽은 사람에게 기적을 베푸시렵니까? 혼백이 일어나서 주님을 찬양하겠습니까? [29]

고통의 끝

인간이 가장 진실할 때가 곧 존재의 한계점에서 하나님께 기도할 때라고 한다. 인생을 살면서 누구나 한 번쯤은 그런 순간을 맞이하게 되는데, 나도 그 절대 좌절과 절망이라는 수렁 속에서 "주님, 나를 이 고통에서 건져주세요!"라고 울부짖으며 기도할 수밖에 없었다. 또 "주님, 제발 나를 데려가주세요!" 아니 "지금 당장 죽여주세요!"라고 뒹굴며 기도를 했다.

성경말씀이 위대한 것은 성경이 인간의 실존적인 문제들을 있는 모습 그대로 다루고 있기 때문이다. 다시 한 번 존재의 제로 포인트와 한계점에 다다라서 울부짖고 있는 다윗의 기도 소리를 들어보자.

주님, 나를 돌보아주시고, 나에게 은혜를 베풀어주십시오. 나는 외롭고 괴롭습니다. 내 마음의 고통에서 벗어나게 해주시고, 나를 이 아픔에서 건져주십시오. 30

그 당시 나에게는 기도할 수 있는 어떠한 기력도 의지도 동기도 남아 있지 않았다. 하지만 너무나도 간절히 주님의 도우심과 구원을 갈망했기에, 또 오직 그것만이 내 영혼이 살아날 수 있는 유일한 길이라 믿었기에, 마지막 안간힘을 다해 전심으로 기도할 수밖에 없었다.

그런 식으로 온 힘을 다해 기도하기를 수개월쯤 지났을까, 어느 날 예상치 못했던 주님의 음성이 나의 심령을 강타했다. 그때까지만 해도 나는 주님이 복권에 당첨되게 해주신다든지 무슨 기적을 베푸셔서 나를 이 모든 실패의 저주와 고통으로부터 건져주시리라 믿고 은연중에 기대를 하고 있었다. 그런데 주님은 오히려 나에게 "너 그 고통의 끝자리까지 가보지 않겠니?"라고 의외의 질문을 던지시는 것이 아닌가! 이는 나의 심령 안에서 순간적으로 이루어진 영적인 대화의 내용들이다.

순간 얼떨떨했지만, 나도 엉겁결에 주님께 여쭸다.

"아니 주님, 고통의 끝자리라뇨? 고통에도 끝이 있는 겁니까?"

어느 누가 이 세상에서 당하는 고통에 끝이 있다는 사실을 알 수 있겠는가? 하지만 만일 고통이라는 자체가 시간과 공간의 제재를 받고 있는 인간의 육신과 감정 안에서 일어나는 현상이라면, 그것은 분명 유한한 것이다. 그리고 유한한 것에는 분명 끝이 있을 것이라는 깨달음이 왔다.

주님께서 다시 말씀하셨다.

"너 고통을 피하려 하지 말고, 끝까지 가보지 않겠니?"

나는 주님의 의도를 전혀 이해할 수 없었지만 순종하는 마음으로 주님께 대답했다.

"주님, 만일 그것이 고통을 벗어날 수 있는 길이라면, 이제 더 이상 그것을 피하려 하지 않고, 한번 끝까지 가보겠습니다."

그 답이 떨어지는 순간, 나는 마치 찰스 디킨스의 소설《크리스마스 캐럴》의 주인공 스크루지가 과거, 현재, 미래를 거치는 환상 여행을 떠났듯이, 찰나에 내가 50평생을 살아오면서 겪었던 수많은, 또 말로 다할 수 없는 고통들이 모두 다 살아나서 한꺼번에 몰아닥치는 체험을 할 수 있었다.

그것은 마치 모든 고통 하나하나가 날카로운 칼날처럼 혹은 뾰족한 송곳처럼 살아나 나의 가슴을 찌르고 후비는 것 같은 참혹한 환상이었다. 또한 그 안에는 내가 살아오면서 지금까지 겪었던 모든 실패, 거절, 천대, 수모, 억울함, 원통함, 배신, 버림당함, 불의, 불공평, 빈곤, 궁핍 그리고 온갖 질병까지 인간이 생로병사라는 저주를 거치면서 체험할 수 있는 오만가지 고통과 번뇌가 다 들어 있었다. 더구나 그 안에는 내가 평생토록 수없이 많은 죄를 지으면서 스스로 양심의 가책을 받아 괴로워했던 모든 죄책감, 정죄감 그리고 수치심마저 다 들어가 있었다.

그렇게 끊임없이 밀려오는 고통의 파도는 사그라들기는커녕, 시간이 지날수록 더 가중되어 나중에는 산더미처럼 커져서 나의 영혼을 덮쳐왔다. 하지만 마치 어린 시절에 치통을 겪으며 고생할 때, 그 고통을 잠시 동안만이라도 억제하기 위해 일부러 아픈 잇몸을 더 세게 눌러서 고통을 가하여 잠시 고통을 이겨보려고 했던 원리와 같이 나도 모르는 사이에 끝없이 몰아닥치는 고통을 오히려 더 극심한 고통으로 받아치면서 밀려오는 고통을 이겨내고 있었다. 그 사이에 고통에 대한 내성이 생겼는지도 모를 일이다.

고난받는 메시아를 만나다

그러기를 얼마가 지났을까, 어느 한순간에 나는 분명 고통의 끝에 도달했다는 사실을 영적으로 직감할 수 있었다. 인간의 고통이란 그 당시에는 무한하게 느껴질지라도 분명 유한하다. 즉 내게 있는 고통이 아무리 크다 할지라도 그것을 피하려 하기보다 오히려 끝을 향해 가다보면 결국에는 고통의 끝에 도달하게 된다. 고통의 끝이란 고통의 절정이란 의미도 되지만, 동시에 더 이상 고통이 없는 무고통無苦痛이라는 뜻도 된다. 무엇이든지 최고 절정, 즉 한계점Threshold을 넘어서게 되면 '해탈'의 경지에 이르기 때문이다(이 말은 내가 불교

식으로 해탈을 했다는 뜻이 아니다. 다만 나는 고통의 한계점을 넘어, 고통으로부터 해방을 받는 영적인 체험을 했다).

하지만 놀랍게도 그 고통의 끝에 도달하는 순간, 나는 "악!" 소리를 지르면서 경악하고 뒤로 넘어갈 수밖에 없었다. 왜냐하면 그 고통의 끝에는 십자가에 달리신 예수님이 있었기 때문이다! '아니, 주님이 나의 고통의 끝이라니!' 도저히 믿을 수 없는 일이 일어났다!

나는 거기서 분명 십자가에 달려 고난을 받으시는 인류의 구원자로 오신 메시아 예수님을 만날 수 있었다. 그리고 주님이 말씀하셨다.

"내가 고통의 끝이다!"(I am the end your pain!)

바로 그 순간 나는 예수께서 온 인류의 모든 고통을 다 짊어지시고, 고통의 끝이 되셔서, 고통 가운데 못 박혀 죽는 모습을 똑똑히 볼 수 있었다. 진정 인류를 구원할 구세주는 고난 받는 메시아였던 것이다.

더불어 전광석화 같은 깨달음이 나의 영혼을 스치고 지나갔다. 내가 인생을 살면서 또 수많은 실패를 거치면서 겪었던 모든 멸시와 조롱, 수모, 거절, 배신 그리고 버림받음은 나 혼자만의 체험이 아닌 예수께서 십자가의 수난과 죽음을 겪으시면서 실제로 체험하신 저주이기도 했다. 즉 주님은 분명 사람들에게 온갖 멸시와 천대를 받으셨고, 자기 동족들에게 거절을 당하셨고, 사랑하는 제자들에게 배신을 당하셨으며, 또한 온 인류와 그분의 아버지 하나님으로부터 버림을 받아 십자가에 못 박혀 피를 흘리며 처절하게 죽고 말았던 것이다. 그러므로 사실 지금까지 인용했던 모든 시편의 말씀들은 (물론 나와 당신을 위한 것도 되겠지만) 실상은 고난 받는 메시아가 실제로 겪었던, 바로 그분에 대한 예언적인 말씀들이었다.

선지자 이사야도 고난 받는 메시아에 대해 다음과 같이 증언하고 있다.

> 그는 사람들에게 멸시를 받고, 버림을 받고, 고통을 많이 겪었다. 그는 언제나 병을 앓고 있었다. 사람들이 그에게서 얼굴을 돌렸고, 그가 멸시를 받으니, 우리도 덩달아 그를 귀하게 여기지 않았다. 그는 실로 우리가 받아야 할 고통을 대신 받고, 우리가 겪어야 할 슬픔을 대신 겪었다. 그러나 우리는, 그가 징벌을 받아서 하나님에게 맞으며, 고난을 받는다고 생각하였다. 그러나 그가 찔린 것은 우리의 허물 때문이고, 그가 상처를 받은 것은 우리의 악함 때문이다. 그가 징계를 받음으로써 우리가 평화를 누리고, 그가 매를 맞음으로써 우리의 병이 나았다. [31]

인류의 구원자로 오신 메시아 예수는 인간의 고통을 없애주시기 위해, 고통의 끝이 되셨다. 즉 누구든지 진정 고통의 굴레에서 벗어나려 한다면, 그 고통의 끝이 되신 예수께로 나아가 그에게 모든 고통을 드려야만 한다. 그러므로 이제 고통은 나의 것이 아니라, 인류의 고통을 또 나의 고통을 감당하시기 위해 이 땅에 오신 예수님께 속한 것이다. 예수님은 그 고통을 다 짊어지시고, 십자가상에서 나를 대신하여 고통을 받으심으로써 고통의 끝까지 가사, 결국에는 그 모든 고통을 십자가상에 못 박아 죽이셨던 것이다.

이 진리의 깨달음이 오는 순간, 나는 지난 시간 오랫동안 나를 괴롭히고 억누르고 있었던 모든 고통의 멍에와 우울증의 저주로부터 완전히 해방받을 수 있었다! 오직 십자가상에서 고통의 절정을 체험하시고 죽임을 당하신 고난의 메시아 예수 그리스도만이 우리를 모든 실패의 저주와 고통으로부터 해방시켜줄 수 있다. 그것이 참 '십자가의 도道'인 것이다!

십자가 안으로

사실 예수님의 십자가는 수많은 사람들의 선망의 대상이기도 하다. 특별히 매년 고난주간이 돌아오면, 기독교인들은 (연례행사처럼) 십자가를 묵상하면서 십자가상에서 고난을 당하신 예수님의 고난에 동참해서 그 고난을 느껴보려고 한다.

하지만 십자가를 묵상하는 것과 십자가에 못 박히는 것에는 현저한 차이가 있다. 언젠가 그 차이점에 대해 복음의 동역자인 김관영 목사님이 이러한 식으로 설명하는 내용을 들은 적이 있다.

우리는 흔히 '나는 십자가를 믿는다!'(I believe the cross)라는 표현을 하는데, 그것은 사실 틀린 표현이고 오히려 'I believe into the cross'라는 표현이 문법상으로나 신학적으로 더 합당하다고 할 수 있다. 특별히 여기서 사용된 'into'라는 전치사가 헬라어로는 'eis'인데, 이 단어는 'into, toward' 또는 'through'라는 의미를 내포하고 있다. 즉 십자가는 그냥 믿는 것이 아니라, 내가 그 안에 들어가서[into], 혹은 내가 그것을 통과하여[through] 믿는 것이라는 뜻이다.

십자가 자체를 지식적으로 믿는 것은 소용이 없다. 왜냐하면 십자가는 예수님이 못 박히신 곳이기도 하지만, 궁극적으로는 내가 못 박혀야 할 곳이기 때문이다. 즉 우리는 십자가라는 상징 그 자체를 믿는 것이 아니라 우리가 그 십자가 안에 들어가(그 십자가를 통과하여), 십자가의 죽음과 부활이라는 그 실제를 체험해야만 한다.

그러므로 십자가는 단순히 묵상하는 것도 바라보는 것도 아닌, '나'라는 존재가 못 박혀야 하는 형틀인 것이다. 또한 골고다[Golgotha]는 예수께서 못 박혀 죽은 곳이었지만, 내가 죽어야 할 곳이다. 그리스도인들은 누구나 다 십자가를 사랑하고 원하는 척하면서도, 정작 자기 자신이 멸시와 거절과 배신과 버림을 받아 십자가에 달리는 것은 원치 않는다. 다들 성공해서 영광스럽게 예수님을 만나보기 원하지, 어느 누구도 처참하게 실패하고 망해서 십자가에 못 박히는 걸 원치 않는다.

십자가는 예배당에 걸어놓는 장식품이나 목에 걸고 다니는 액세

서리가 아닌, 내가 거기에 못 박히라고 존재하는 것이다. 즉 십자가의 참 의미는 그냥 단순히 바라보고 믿는 정도가 아니라 십자가가 상징하는 멸시, 거절, 배신 그리고 버림이라는 처절한 저주와 고통 안에 들어가 '나'라는 존재가 예수와 함께 못 박혀 죽는 것이라는 뜻이다. 그것이 진정 예수님의 십자가에 동참하는 길이다.

또한 한 가지 확실한 것은 그 어느 누구도 인생의 대실패, 절대 좌절과 절망 그리고 자신의 존재의 한계점까지 도달해서 완전히 바닥을 치기 전까지는, 십자가의 길에 들어설 수도, 십자가에 못 박힐 수도 없다. 즉 누구든지 망하지 않고는 절대 십자가 앞에 나아올 수 없다. 왜냐하면 멀쩡한 사람들이나 성공한 사람들은 자기 자신이 십자가에 못 박혀야 할 이유가 전혀 없다고 생각하기 때문이다. 십자가는 오직 사형선고를 받아 마땅히 죽어야만 하는 실패하고 망한 죄인들을 위한 것이다.

하지만 이 십자가의 진리를 깨닫는 순간, 우리는 드디어 십자가를 구경하는 것이 아니라 오히려 그 십자가 안에 들어가 예수와 함께 완전히 연합되어 못 박혀 죽는 체험을 하게 된다. 그때 드디어 주님의 십자가가 나의 십자가가 되는 것이다.

내가 끝장나는 곳

이제 결론을 내리자. 우리 모두는 다 실패자들이다. 학업에 실패했고, 가정에 실패했고, 자녀교육에 실패했고, 사업에 실패했고, 직장에 실패했고, 대인관계에 실패했고, 도덕에 실패했고, 신앙에 실패했고, 사역에 실패했고, 인격에 실패했고, 또한 최종적으로는 인생에 실패한 낙오자들이다! 더 나아가서 우리는 육적으로, 정신적으로 또한 영적으로 실패한 존재적인 패배자들이다! 즉 우리는 더 망할 수 없을 만큼 완전 쫄딱 망해버린, 폐차처분을 해서 없애버려야 할 전혀 쓸모없는 존재들이라는 뜻이다!

'고물'은 폐차처분하고, '괴물'은 잡아서 죽여야 한다. 하나님께서는 이제 이같이 고쳐 쓸 수 없을 만큼 완전히 망가져버린 '고물' 같은 '나'라는 존재와 오직 자기만을 위해 살았고 또 자기만을 사랑해왔던 '괴물' 같은 병든 자아를 십자가로 처형해서 완전히 끝장내기 원하신다. 즉 십자가는 '나'라는 존재가 끝장나는 장소이다. 또한 그곳에서 온 인류도 함께 끝장이 났다. 즉 골고다 십자가라는 영원한 폐기 처분 장소에서 나의 모든 성공과 실패도, 지지고 볶고 울고 짜고 물고 뜯고 했던 인생의 파노라마도, 인류 역사의 모든 흥망성쇠와 부귀영화도, 첫 번째 사람 아담으로부터 마지막 사람에 이르기까지 온 인류가 지은 모든 죄도 다 함께 종지부를 찍었다.

결론적으로 인간의 모든 실패는 다 십자가로 끝이 나야 한다. 만일 그런 것이 아니라면, 실패는 한낱 실패 그 자체로 끝날 수밖에 없다. 그러한 실패는 완전 저주요, 처참한 일이다. 더 나아가서 그런 식의 실패의 결과는 오직 분노, 분쟁, 증오, 원망, 쓴뿌리, 화병, 저주 그리고 죽음만을 낳게 된다. 하지만 만일 우리의 모든 실패가 오직 십자가로 끝이 날 수 있다면, 그것은 하나님의 위대한 섭리와 실패의 참 목적을 달성하는 일이요, 실패의 경험이 축복의 통로가 되는 놀라운 역전의 계기가 될 수 있다.

다만 실패가 위대한 실패가 되기 위해서 우리는 적당히 망해서는 안 된다. 우리의 존재 자체가 완전 쫄딱 망해서 십자가에 못 박혀 죽어야 한다. 죽음과 부활은 취사선택을 허용하지 않는다. 완전히 죽어야 완전히 부활의 새 생명으로 살 수 있다.

당신이 죽으면 살 수 있다!

(If you die, you will live!)

또한 당신은 살기 위해 꼭 죽어야 한다!

(You must die, in order to live!)

그러므로 우리는 죽기 전에 죽어야 한다!

(We must die before we die!)

예수 그리스도의 십자가는 인류 역사상 가장 '위대한 실패'였다.

하지만 하나님께서는 그 실패를 통하여,

부활이라는 가장 '위대한 성공'을 만들어내셨던 것이다!

만일 우리의 모든 실패가 오직 십자가로 결론을 내릴 수 있다면,

그것은 진정 '위대한 실패'요,

또한 동시에 가장 '위대한 성공'이 될 수 있다!

실패자들이여! 패배자들이여! 낙오자들이여!
예수 그리스도의 십자가 앞으로 나아가자!
그 골고다 언덕에서 예수와 함께 못 박혀 죽고,
부활의 새 생명으로 다시 태어나자!
'위대한 실패'를 통해 '위대한 성공'을 체험하도록 하자!

‘나’라는 존재가 망해서 없어지고 나면,

내 안에 내주하시는 주님이

그때부터

내 대신 일하시게 될 것이다.

4
PART

실패의
축복

7

실패의 목적

성공과 실패는 종이 한 장 차이다. 아무리 위대했던 성공도 실패로 끝날 수 있고, 또한 아무리 처참한 실패일지라도 그것이 위대한 성공으로 끝날 수 있다. 사람들은 흔히 "털어서 먼지 안 나올 사람 없다"라는 말을 하곤 한다. 하지만 그런 식의 핑계는 주님께는 안 통한다. 오히려 주님은 나의 발목을 거꾸로 잡고 뒤흔들어 더는 나올 먼지가 없을 정도까지 모든 먼지들을 다 털어내시고, 인생의 판을 완전히 뒤엎어버리기 원하신다. 더불어 내장 안에 들어 있는 것까지도 다 토해내게 하실 정도로, 모든 것을 드러내시고 나의 존재를 초토화시키신다. 초토화돼야 초기화될 수 있기 때문이다.

다만 그러한 초기화 작동은 완전히 쫄딱 망한 사람들에게만 가능하다는 사실이다. 즉 사람이 적당히 망하면 아무것도 건지지 못할 수 있다. 하지만 누구든지 삶의 환경만 망하는 것이 아니라, '나'

라는 존재 자체가 망해서 십자가의 죽음을 거치게 되면 완전 새사람으로 거듭나 새 출발을 할 수 있게 된다. 물론 그 사람은 이미 (실패로 말미암아) 모든 것을 다 잃어버렸기 때문에, 아무것도 남은 것이 없을 수도 있다. 하지만 그는 이미 십자가의 도를 깨달아 삶의 모든 환경을 초월하는 자족의 비결과 자아의 죽음을 체험했기 때문에, 아무것도 필요 없는 경지에 이르렀다 해도 과언이 아니다.

성경을 읽다보면 사도 바울이 바로 그러한 경지에 도달했음을 알 수 있다. 그는 자기에게 유익했던 것들을 다 해로 여길 뿐 아니라 결국에는 모든 것을 배설물로 여겨, 자기 스스로 그 모든 것들을 다 갖다버렸다고 충격적인 선언을 하고 있다.

내게 유익하던 그 모든 것을 나는 그리스도를 위해 다 버렸습니다. … 나는 그리스도를 위해 모든 것을 잃어버렸습니다. 내가 그 모든 것을 쓰레기처럼 여기는 것은 그리스도를 얻고 그분과 완전히 하나가 되기 위한 것입니다.[1]

무엇이 중요한가

실패의 진정한 목적은 무엇이 중요한 것인지 아닌지를 깨닫게 하고, 더 나아가서는 중요하지 않은 모든 것들을 다 잃어버리게 하려는 데 있다. 즉 바울이 말씀하는 쓰레기와 배설물 같은 것들은 내가 스스로 갖다버리지 않으면, 결국은 실패라는 환경정리를 통해 주님이 다 가져가시고 만다. 그 가운데는 사랑하는 가족들보다도 더 소중히 여겼던 나의 물질과 사업이 있다. 우상처럼 여겼던 나의 커리어와 명예가 있다. 또한 생명보다 귀하게 여겼던 나의 성공에 대한 야심이 있다. 성경은 우리에게 진정 중요한 것이 있다면 그것은 오직 '영혼'과 '영원한 것'이라고 말씀하신다. 그 외의 나머지 것들은 다 썩은 쓰레기와 같은 것들이요, 결국에는 다 죽어 없어지고 마는 일시적인 것들뿐이다. 하지만 사람들은 그런 배설물과 죽은 것들을 가득 쌓아놓고 살아간다. 박경리 선생님의 작품 가운데 《버리고 갈 것만 남아서 참 홀가분하다》라는 시집이 있는데, 정말 버리고 갈 것만 남도록 삶의 환경정리를 해야 할 필요가 있다. 우리 모두는 결국 다 무소유로 가게 될 테니, 미리미리 알아서 무소유가 되자는 뜻이다!

내게 없어서는 안 된다고 생각했던 세상의 모든 것들, 또한 내게 꼭 필요하다고 생각했던 온갖 잡동사니들도 쫄딱 망해서 다 잃어버리고 나면, 결국 별로 중요한 것이 아니었다는 사실을 금방 깨닫게 된다. 물론 그런 것들이 없으면 사는 데는 좀 불편할지 몰라도, 영원이라는 관점으로 보면 전혀 손해 볼 일은 아닌 것이다. 리차드 칼슨의 《사소한 것에 목숨 걸지 말라》라는 책이 있다. 저자는 우리가 중요하다고 여겼던 일들의 대부분은 결국 사소한 일들뿐인데, 사람들은 그런 쓸데없는 것들에 집착하여 삶의 소중한 에너지를 낭비하고 있다고 말한다. 또한 "삶의 목적은 임무를 완성하는 것이 아니라 인생이라는 여정을 즐기고 사랑으로 삶을 채워가는 것이다"라고 조언하고 있다.

결론적으로 지지고 볶고 울고 짜고 물고 뜯고 하면서 살아가는 인생살이는 결국 다 부질없는 일들이요, 그런 것들에 목을 맬 필요가 없다는 뜻이다. 좀 더 잘 먹고 잘 입고 잘 살아봤자 결론은 '죽음' 밖에 없다. 이제 참으로 중요한 일들, 즉 우리의 '영혼'과 영원히 남아 있을 것들에 여생을 투자하도록 하자!

무엇이 참인가

실패를 하기 전까지만 해도 사실 나는 세상에서 내가 제일 잘났다는 식의 자기도취와 온갖 망상 가운데 살아왔었다. 즉 '나' 잘난 맛으로 50평생을 살았던 것이다. 그러나 이제는 "나는 아무것도 아니요, 아무것도 할 수 없습니다"라는 참 실상을 깨닫게 되었다. 더욱이 내가 주님을 위해 했다고 자부하고 떠벌렸던 모든 일들도 다 망해서 없어지고 나니까, 결국은 나의 영광과 만족을 위해 한 것이요, 물질과 사람의 힘 그리고 나의 재질과 능력, 즉 나의 수단과 말재주로 한 것이라는 사실을 알게 되었다. 그런 것들이 다 없어지고 나니까, 나는 완전 '맹물'Worthless에 '무용지물'Useless이 되고 말았다. 성경은 이렇게 말한다.

자신을 속이지 마십시오. 하나님은 조롱을 당하지 않으십니다. 사람은 무엇을 심든지 심은 대로 거두는 법입니다. 자기 육체를 위해 심는 사람은 그 육체에서 썩어질 것을 거두고 성령님을 위해 심는 사람은 성령님에게서 영원한 생명을 거둘 것입니다. [2]

내가 나를 얼마나 많은 거짓과 가식으로 완벽하게 포장해놓았던지 나 자신마저도 스스로 속아 넘어가고 말았던 것이다. 그동안 수없이 많은 설교와 강의를 했지만, 결국은 죽은 지식들이요 말로만의 복음에 불과했지, 영혼을 구원하고 참 변화를 일으키는 성령의 역사가 아니었던 것이다. 그 결과 비록 나의 말을 듣고 따르는 팬은 많았지만, 참된 그리스도의 제자는 하나도 만들어내지 못했다. 또한 그러한 육신적인 일들은 온갖 모함과 샤덴프로이데, 배신을 당해 뒤통수를 맞는 비참한 결과를 낳고 말았다. 누구를 탓하리요! 그러한 참담한 결말은 내가 육체로 심어 육체의 것들을 거둔 것에 불과하다.

하지만 감사하게도 대실패를 통해 이제 드디어 무엇이 참이요 거짓인지 또한 무엇이 실재요 허상인지를 확실히 깨달아 볼 수 있게 되었다. 망하기 전까지는 스스로 속고 또 속이면서 헛된 것과 썩어질 것들을 붙잡고 의지하며 살아왔었다. 뿐만 아니라 내가 제일 잘난 줄 알았고 모든 사람들이 다 나를 사랑한다는 착각 속에 자아도취와 자기만족으로 살아왔다. 그러나 실패를 통해 흉측한 자아의 실체를 발견하게 되었고, 거짓과 허상으로 가득 찬 세상의 정체를 파악하게 되었다.

이제 정신을 차리자! 성공에 속지 말자! 성공은 허상이요, 망상에 불과할 수 있다. 하지만 실패는 참 실재를 만나게 해준다. 또한 무엇이 참인지 불편한 진실을 보여줄 것이다. 참과 실재가 아닌 것들은 결국 다 없어지고 날아가버린다. 실패를 통해 참과 실재를 붙잡자.

나는 누구인가

실패의 참 목적은 모든 불필요한 것들과 중요하지 않을 것들을 잃어버리게 하는 데 있다. 즉 주님은 실패라는 환경정리를 통해 우리의 삶 가운데 산재되어 있는 불필요한 것들을 다 제거하시고, 오직 가장 중요한 것들, 즉 육신적인 관점으로 보면 나의 가족들과 생명이요, 영적으로 보면 나의 영혼 그리고 영원한 것들만 남게 하신다. 모든 것을 다 잃어버렸다 해도 영생을 얻고 (바울이 말씀한 대로) 주님 한 분을 얻는다면 온 천하를 얻은 것보다 더 귀하다고 할 수 있다. 그와 더불어, 실패의 최대 목적은 나를 발견하는 데 있다. 즉 누구든지 실패를 통해서 참 '나'를 발견할 수 있다면, 그것은 사실 실패가 아니라 위대한 성공이 될 수 있다는 뜻이다.

영화 〈히말라야〉를 보면, 엄홍길 대장이 TV 인터뷰 중에 다음과 같은 말을 한다.

산에 오르면 대단한 것을 찾을 수 있을 것 같죠, 7000미터 정도 올라가다 보면 어떻게 살 것인가에 대해 해답이 떠오를 것 같고, 8000미터 정도 올라가면 삶은 무엇인가에 대한 의미를 찾을 수 있을 것 같고…. 그런데 절대 거기서 그런 걸 찾을 수 없습니다. 거기서 느낄 수 있는 건 오직 제 자신뿐입니다. 너무나 힘들고 고통스러울 때 제가 몰랐던 제 모습이 나옵니다. 그동안 쓰고 있던 모든 가면이 벗겨지는 거죠. 보통사람들은 그 맨 얼굴을 모른 채 살아가고 있는지도 모릅니다.

맞는 말이다. 대부분의 사람들은 자기 자신을 영원토록 만나보지 못하고 갈 수도 있다. 그토록 '내'가 '나'를 만나기가 힘든 것이다. 그러나 사람이 실패를 하면 '참된 나'를 만날 수 있다. 또한 그렇게 발견된 나의 참 모습은 완전 가치없고, 쓸모없고, 무능력하고, 한심한 존재에 불과하다. 한마디로 나의 참 정체는 폐기처분을 받아야 할 고물이요, 괴물이다.

하지만 누구든지 그러한 존재의 참 실상을 발견하고 주님 앞에 나오면, 주님은 그 사람을 완전히 새로운 창조물로 만들어주신다. 그것을 성경은 '거듭났다'라는 용어로 표현하기도 하는데, 성경에 나타난 거듭난 사람들은 한결같이 다 실패한 사람들이었지 성공한 사람들이 아니었다. 바울은 "누구든지 그리스도 안에 있으면 새로운 존재입니다. 옛 사람은 없어지고 새사람이 된 것입니다"라고 담대히 증거하고 있다. 실패를 통해 나 자신의 참 모습과 존재를 발견

하고, 예수님을 구주로 마음에 모셔 새사람이 되는 것이 기독교 신
앙의 목표인 것이다.

실패의 열매들

실패의 목적을 깨닫고 새사람이 되면, 서서히 실패의 열매들이 맺
히기 시작한다. 물론 실패의 열매 가운데는 분노, 저주, 증오, 분쟁,
화병, 죽음 등 부정적인 것들이 있다. 반면 우리의 인격과 삶을 변화
시키는 겸손, 온유, 오래 참음, 평안, 감사, 신뢰, 순종 등 놀라운 긍
정적인 열매들이 맺히기 시작한다.

주님은 실패를 통해 나의 불완전한 인격과 병든 자아를 다루기 원
하신다. 자아가 드러나기 전에는 자아를 처리할 수 없다. 자아의 내
면에는 온갖 흉측하고 더러운 것들이 다 들어 있다. 살인자, 도둑
놈, 창기, 거짓말쟁이, 위선자 등. 그러한 모든 것들이 나의 본질이
요, 자아의 정체다. 주님은 환경과 주위에 있는 사람들을 통해 자존
심과 자부심으로 똘똘 뭉쳐 있는 나의 자아가 드러나게 하신다. 환
경이 좋을 때는 누구도 자신을 볼 수가 없다. 그러나 어려운 환경이
와서 막다른 코너에 몰리게 되면 자아의 못된 본질과 정체가 드러나
기 시작한다. 우리는 간혹 어떤 이로부터 "야! 너, 나 더 이상 건드
리지 마!"라는 말을 들을 때가 있다. 참을 때까지 참았다는 뜻이다.
즉 이제 조금만 더 건드리면 자신 안에 들어 있는 자아의 무서운 실

체가 나온다는 뜻이다.

사람은 건드리고 찔러봐야 참 정체와 속성을 알 수 있다. 사람의 약점을 계속 찔러보라. 또 그 사람이 싫어하는 '버튼'Button을 계속 눌러보라. 괴물 같은 자아의 속성이 튀어나오는 것을 보게 될 것이다. 누구나 극한 상황에 몰리게 되면 자아가 폭발한다. 견디지 못해서 발악을 하고 마는 것이다. 바로 그때 우리는 자아의 참 실상을 접할 수 있게 된다. 사실 환경과 사람이 우리를 건드리지만 않는다면 우리는 모두 천사처럼 보일 수 있다. 사람들은 흔히 "너만 없으면 나는 천사야!"라는 말을 하기도 한다. 그러나 누구든지 일단 혹독한 환경 안에 들어가서 코너에 몰리게 되면, 순식간에 마귀로 돌변해버릴 뿐 아니라, 그 즉시 속 안에 들어 있던 온갖 악독한 본질들이 드러나기 시작한다.

진정 이 세상에서 가장 무섭고, 추악하고, 혐오스러운 존재는 나의 자아일지도 모른다. 또한 자아는 끈질기고 완악하고 악랄하고 교활하다. 더욱이 그렇게 숨겨진 자아가 불쑥불쑥 튀어나올 때마다 주위에 있는 사람들을 괴롭히고 상처를 준다. 사람마다 자아가 칼날처럼 살아 있다. 그 흉측한 괴물이 펄펄 살아서 내 안에 꿈틀거리고 있다. 행여나 나 자신의 추악한 모습을 보고 실망하지 말라. 자아의 실상이 드러났다고 해서 두려워하거나 안타까워 말라. 자아는 가차 없이 또 인정사정없이 십자가에 못 박아 죽여야 한다.

환경

사실 내가 제일 싫어하고 꺼리는 것은 어려운 환경이다. 그러나 주님은 내가 도저히 피할 수 없는 끔찍한 환경 속으로 나를 몰아넣으신다. 누구든지 예수님을 처음 믿을 때는 모든 것이 다 "할렐루야"요, "주님, 감사합니다"이다. 그러나 시간이 조금 지나고 나면, "아, 예수 믿기 힘들다!"라는 말이 나오기 시작한다. 그로부터 몇 년쯤 지나고 나면 "아이고, 죽겠네!"라는 절규가 저절로 나오게 된다. 예수 믿는 것은 결코 쉬운 일이 아니다. 예수님을 믿는 것은 마치 폭풍 가운데로 뛰어드는 것과 같다. 예수님을 믿고 난 후부터 혹독한 환경들이 몰아닥치기 시작한다. 아무리 요리조리 피하려 해봐도 환경이 끈질기게 나를 따라잡는다. 그뿐이랴, 환경을 피하려다가 벼랑 끝에까지 몰려서, 죽지 않으려고 간당간당 매달려 있으면 주님은 거기까지 따라오셔서 결국 나를 절벽 밑으로 떨어뜨리고 마신다!

그런 혹독한 환경 속에서 달달 볶이다 보면 정말 "죽고 싶다!"라는 말이 저절로 나오게 된다. 예수님을 믿고 나서도 죽고 싶은 마음이 든 적이 한두 번이 아니었다. 또한 심령의 곤고함 때문에 자신을 정죄하고 증오하며 눈물로 베개를 적셨던 적은 또 얼마나 많았던가? 때로는 사는 것이 너무나도 한스러워서 "주님, 날 좀 도와주세요!" "날 좀 살려주세요!"라고 울부짖고, 머리털을 쥐어뜯으며 땅바닥을 뒹굴어봐도 주님은 환경의 고삐를 조금도 늦춰주지 않으신다. 그것이 바로 주님이 보내신 십자가이기 때문이다!

화상들

뿐만 아니라 주님은 내가 가장 싫어하고 또 나를 가장 불편하게 만드는 '화상'과 '원수' 같은 사람들을 내게 붙여주셔서, 나의 강퍅한 자아를 깨트리기 원하신다. 그러한 '왕재수'들은 끊임없이 내 주위를 맴돌면서 인정사정없이 나를 괴롭히고, 속을 박박 긁어 뒤집어놓는다. 비수같이 날카로운 말로 아픈 곳을 찌르고, 독한 말을 하여 마음에 상처를 준다. 그들은 수단과 방법을 가리지 않고 버튼을 눌러 나를 아주 나쁜 사람으로 만들어버린다. 또한 집요하게 나를 공격하고 약점을 드러내어, 사람들 앞에서 온갖 수모와 창피를 주고, '쪽'이 팔리게 한다. 그뿐이랴, 주님은 나 같은 '독종'에게는 더 독한 '독종'을 붙여주셔서 완전 두 손을 번쩍 들게 하신다. 하지만 문제는 그러한 '독종'들이 바로 가장 가까이 있는 내 남편과 아내와 부모와 자식과 친구와 교우와 동료들이라는 사실이다.

누구나 한 번쯤은 '아! 내게 다른 남편, 다른 아내가 있었으면 얼마나 좋을까?'라는 생각을 해봤을 것이다. 또한 우리는 끊임없이 다른 동료나 상사가 있었으면 좋겠다는 생각을 하며 직장생활을 한다. 하지만 주님은 그런 사정은 아랑곳하지 않으시고, 내가 가장 증오하고 혐오하는 사람들을 나의 가장 가까운 곳에 붙여주신다. 정말 나를 오도 가도 못하게 만드실 뿐 아니라, 도망갈 수 없게끔 옴짝달싹 못하게 만드신다. 오죽했으면 빌리 그레이엄 목사는 "당신은 아내와 이혼하려고 고려해본 적이 있습니까?"라는 질문에 "아니요, 나는 아내와 이혼하려고 생각한 적은 없습니다. 다만 그녀를 죽이고 싶었던 적은 있습니다"라고 대답했겠는가? 물론 농담으로 한 말이겠지만 의미심장한 말이다. 어떻게 보면 현재 우리가 처해 있는 환경은 마치 용광로와도 같다. 그 안에 별별 종류의 인격장애자들이 다 모여서, 서로 지지고 볶고, 울고 짜고, 물고 뜯고 하는 가운데 부서지고 깨지고 하면서 서로 녹아지는 것이다.

나의 십자가

우리는 문제가 있다고 해서 환경이나 사람을 피해서 도망갈 수 없다. 주님이 나의 자아를 깨트리고 처리하시기 위해 그러한 환경과 '천사'들을 보내주셨는데, 그 상황을 피해가면 어떻게 변화를 받을 수 있다는 말인가? 주님은 내가 도저히 감당할 수 없는 이 지긋지긋한 환경을 통해 나를 죽이기 원하신다. 즉 내가 현재 당면한 이 끔찍한 환경과 원수 같은 사람들이 강퍅하고 완악한 나의 자아를 죽이는 주님의 십자가라는 뜻이다.

예수께서는 "아무든지 나를 따라오려거든 자기를 부인하고 날마다 제 십자가를 지고 나를 따를 것이니라"라고 말씀하신다. 하지만 문제는 아무도 십자가를 원치 않는다는 사실이다. 주님은 분명 자기 십자가라고 말씀하시는데, 사람들은 '자기 십자가'는 질 생각을 안 하고, 자꾸만 다른 사람의 십자가만 바라본다. 어느 그리스도인이 이렇게 불평했다.

"주님, 제 것보다 저 형제의 십자가가 더 좋아 보여요!"

자기에게 닥친 환경이 너무 힘겹다고 주님께 불평한 것이다. 이에 주님은 그가 원하는 대로 십자가를 고르게 해주셨다. 하지만 하나도 그의 마음에 드는 것은 없었다. 하나는 너무 길어서 싫었고, 다른 것은 너무 무거워서 싫었고, 또 다른 하나는 울퉁불퉁해서 몸에 배기는 듯하여, 결국 그 형제는 자기 십자가로 돌아갔다는 것이다. 그와 같이 자기 십자가는 이미 자기에게 익숙해져 있을 뿐 아니라, 자기의 체형에 맞게 홈이 패어져 있다. 길지도 짧지도 않고, 무겁지도 않다. 즉 내 십자가는 오직 나만이 감당할 수 있다는 뜻이다.

언뜻 보기에는 다른 사람의 십자가가 쉬워 보일지 몰라도 사실 내게는 불편할 수 있다. 다른 사람의 환경을 내가 감당할 수 없고 또한 내 환경을 다른 사람이 감당할 수 없다는 말이다. 주님은 오직 내가 감당할 수 있는 환경과 문제들을 허락하셔서 나의 자아를 다루기 원하신다.

그러므로 내게 주어진 십자가, 즉 주님이 섭리하신 모든 환경과 사람들은, 주님이 나를 위해 특별히 제작하신 맞춤형 십자가인 것이다. 결국 내가 지고 가는 십자가가 내게 가장 좋은 것이요, 또 내게 꼭 맞는 것이라는 뜻이다. 주님은 바로 그 십자가를 지고 당신을 따르라고 명하신다. 십자가는 피할 길이 없다. 당신이 지금 이 순간에 져야 할 당신의 십자가는 과연 무엇인가? 나의 십자가는 오직 나만이 알 수 있고, 또한 나만이 질 수 있는 하나님의 '선물'이다. 누구도 나를 대신해서 나의 십자가를 져줄 수 없다.

완전 항복

주님은 한 알의 밀이 (즉 내가) 땅에 떨어져 죽어야 한다고 말씀하신다.

한 알의 밀이 땅에 떨어져 죽지 않으면 한 알 그대로 있지만 그것이 죽으면 많은 열매를 맺는다. 자기 생명을 사랑하는 사람은 그 생명을 잃을 것이며 이 세상에서 자기 생명을 미워하는 사람은 그 생명을 영원히 보존할 것이다. [3]

여기서 '죽는다'는 의미는 환경 앞에 체념하거나 포기한다는 뜻이 아니라 오히려 '나'라는 존재가 불가항력적인 하나님의 절대적인 주권과 섭리 앞에 순복하여 모든 환경이 하나님께로부터 온 것임을 깨닫고 그것을 전적으로 받아들임으로써 존재적인 항복을 한다는 뜻이다. 그것은 내가 단순히 환경에 굴복하는 정도가 아니라 '나'라는 존재 전부가 (환경을 통해) 하나님 앞에 항복하는 것을 의미한다. 더불어 하나님께서는 그런 식의 완전한 항복을 통해 나의 흉측한 자아를 십자가에 못 박아 죽이기 원하신다. 그러므로 완전 항복이란 자기 자신을 전폭적으로 주님께 맡겨 십자가의 죽음을 통과하는 절대적인 순종이라고 할 수 있다. 누구도 완전히 항복하기 전에는 십자가의 역사에 동참할 수 없다. 왜냐하면 십자가의 죽음이란 당사자의 자발적이면서 전폭적인 동의가 있어야만 가능하기 때문이다. 우리는 이 사실을 기억해야 한다.

> 한 알의 밀이 땅에 떨어져 죽지 않으면 한 알 그대로 있지만 그것이 죽으면 많은 열매를 맺는다. [4]

예수 믿는 사람들이 가장 아름다울 때는 자기 자신이 '땅에 떨어져' 죽을 때이다. 다만 안타깝게도 많은 사람들은 이 구절을 왜곡할 때가 있다. 성경은 분명히 '죽지 않으면'이라고 말씀하는데, 어떤 이들은 그 말씀을 '썩지 않음'이라고 바꿔버리곤 한다. 한 알의 밀이 썩으면 안 된다. 썩을 때는 부패가 되어 악한 에너지를 만들어낼 뿐 아니라, 열매도 맺을 수가 없다. 죽는 것은 아름답고 고귀하다. 하지만 썩는 것은 하나님의 섭리를 수용하지 못해서 불평하고 원망하는 태도이다. 속이 썩을 때 나타나는 현상을 '화병'이라고 하는데, 사실 화병이란 하나님이 주신 환경 앞에 순복하지 못하고 속이 부글부글 끓어서 썩어 들어가는 병이다. 썩는 것은 추하다. 썩을 때는 고약한 냄새가 나고 시끄럽고 요란하다. 자아가 발악을 하기 때문이다. 하지만 죽는 것은 고요하고 차분하다. 완전 항복을 통해 전폭적으로 순종하기 때문이다. 썩으면 안 된다. 죽어야 한다!

죽는 것은 아름답다
죽는 것이 사는 것이고, 사는 것이 죽는 것이다!

자기 생명을 사랑하는 사람은 그 생명을 잃을 것이며 이 세상에서 자기 생명을 미워하는 사람은 그 생명을 영원히 보존할 것이다. [5]

오늘 주님이 내게 요구하시는 한 가지가 있다면, 그것은 바로 죽는 것이다. 즉 나의 자아를 십자가에 못 박는 일이다. 이 순간, 내가 할 수 있는 유일한 일은 하나님이 내게 허락하신 환경을 하나님의 절대적인 뜻과 섭리로 받아들여 그 안에서 죽는 일이다. 그러므로 환경을 거부하지 말고 사람들을 원망하지 말라. 내가 할 수 있는 일이라고는 (마치 수술받는 환자가 자신의 몸을 의사에게 완전히 떠맡기듯이) 자기 자신을 십자가 앞에 내어맡겨 완전히 항복하는 것밖에 없다. 나머지는 주님이 알아서 하신다. 내가 나 자신을 죽일 수는 없다. 죽이는 작업은 전적으로 성령님의 역할이다. 성령님은 환경과 실패라는 십자가를 통해 나의 자아를 죽이기 원하신다.
　죽는 사람은 아름답다. 죽음 가운데는 신비스러운 아름다움이 나타난다. 죽음을 통해 생명이 나타나기 때문이다. 예수님의 아름다움은 십자가의 죽음을 통해 나타났다. 십자가를 통해 죽어가는 그리스도인들의 모습은 진정 아름답다! 이제 주님이 주신 환경을 순수하게 받아들여 십자가에 못 박혀 죽으라! 죽은 척하지 말라! 기절한 것은 죽은 것이 아니다. 잠깐 동면상태^{Dormant}에 있는 것도 죽은 것이 아니다. '반죽음'도 죽은 것이 아니다. 하물며 99퍼센트 죽은 것도 죽은 것이 아니다. 100퍼센트 죽어야 한다!

죽음은 모든 일에 종지부를 찍는다. 내가 죽으면 모든 인간적인 노력과 망상이 끝장나고 자아와의 전쟁이 종결된다. 죽음은 인생의 끝이요, 가장 밑창이라 할 수 있다. 그 이상은 더 내려갈 수 없다. 그러므로 십자가를 통해 자아가 처리된 사람만이 진정으로 "나는 아무것도 아닙니다. 나는 아무것도 할 수 없습니다"라고 고백할 수 있다. 죽은 사람은 죽음도 실패도 고난도 상처도 두려워하지 않는다. 내가 죽고, 망하면 모든 것이 다 끝난 것이다. 그것이 모든 고통과 번뇌의 끝이다. 더는 미움도 분노도 원망도 있을 수가 없다. 모든 것에 대하여 죽었기 때문이다!

"그것이 죽으면 많은 열매를 맺는다."

오직 십자가의 죽음을 거친 사람들 안에만 바울이 말씀하는 "사랑과 희락과 화평과 오래 참음과 자비와 양선과 충성과 온유와 절제"의 놀라운 성령의 열매가 맺게 된다. 또한 그렇게 죽은 사람들만이 자기 자신을 '전제'^{奠祭}로 쏟아붓듯이 다른 사람을 위하여 아낌없이 희생할 수 있고, 자기 전부를 바쳐서 주님을 사랑하고 섬길 수 있다.

온유

사람이 그렇게 부서지고 깨져서 십자가의 죽음을 거치게 되면, 성경이 말씀하는 온유한 성품을 지니게 된다. 여기서 말하는 온유란 '젠틀함'Gentleness이 아닌 '온화함'Meekness을 의미한다. 천성이 착하고, 순하고, 부드러운 '젠틀'한 사람들이 있다. 그러나 사실 이 세상에서 제일 무서운 종류의 사람들이 곧 순하고 착한 사람들이다. 그런 사람들을 잘못 건드렸다가는 큰일이 날 수도 있다. 아무리 순하고 착한 사람들이라 해도 자아가 처리되지 않았으면 호랑이보다 무섭고 뱀보다 더 독할 수 있다.

성경이 말하는 온유한 사람이란 주님이 주신 환경과 실패를 통해 깨지고 박살이 나서 완전 묵사발이 된 사람이다. 그런 사람은 아무것도 아닐 뿐 아니라 예수께서 "내가 아무것도 스스로 할 수 없노라"라고 말씀하신 것과 같이 자기 스스로 아무것도 할 수 없는 사람이다. 또한 성경에 보면, "이 사람 모세는 온유함이 지면의 모든 사람보다 더하더라"는 말씀이 있는데, 온유란 모세와 같이 위대한 실패를 통해 자아가 처리된 사람에게 나타나는 영적 열매인 것이다.

특별히 온유한 사람에게 나타나는 두 가지 특징이 있는데, 하나는 무저항Nonresistance이다. 그러한 사람들은 귀용부인Madame Guyon의 말과 같이 어떠한 개인적인 성향이나 취향 그리고 맛Taste을 가리지 않고, 모든 것을 있는 그대로 받아들이고 수용할 수 있는 깨어진 사람들이다. 성경에 보면 아브라함이 "네가 좌하면 나는 우하고 네가 우하면 나는 좌하리라" 하면서 그의 정당한 권리를 순순히 그의 조카 롯에게 넘겨주는 장면이 나온다. 그와 같이 무저항이란 자신의 모든 권리를 포기하고 아무 일에도 우기거나 저항하지 않고 오직 주님의 뜻에 절대적으로 순복할 수 있는 온유한 사람에게 나타나는 성품인 것이다.

또 다른 한 가지는 부정적인 것이 없다는 사실이다. 그것은 무엇에나 부정적인 판단Judgement이나 편견Prejudice 없이 용납하고 받아들이는 열린 마음을 뜻한다. 성경은 예수님께 대하여 "하나님의 모든 약속은 그리스도 안에서 '예'가 됩니다"라고 증거하고 있는데, 주님은 모든 것을 아시고 모든 것을 판단하실 수 있는 권한이 있으셨지만, 오직 "예"로 모든 환경과 사람들을 있는 모습 그대로 받아주셨다. 그것이 참 온유의 의미이다. 주님은 "나는 마음이 온유하고 겸손하니 나의 멍에를 메고 내게 배우라"라고 권면하시는데, 그와 같이 십자가를 지고 묵묵히 주님을 순종하여 따를 때 온유라는 성령의 열매가 우리 안에 맺히게 된다.

하나님이 쓰시는 사람

하나님이 쓰시는 사람은 준비된 사람이 아니라 순종하는 사람이다. 잘나가는 사람이 아니라 실패하고 망해서, 완전히 부서지고 깨진 사람이다. 또한 능력이 있는 사람이 아니다. 왜냐하면 그 사람은 자신의 능력과 재질로 자기의 뜻과 일을 행할 것이기 때문이다. 하나님이 쓰시는 사람은 천성적으로 착하고 온순한 사람이 아니라 오히려 쫄딱 망하고 밑바닥을 쳐서 온유해진 사람이다. 즉 하나님이 쓰시는 사람은 고무공같이 부드럽고 유연한 사람이 아니라, 질그릇같이 치는 즉시 쉽게 깨트려질 수 있는 사람이다. 하나님께서 섭리하신 환경이 자아를 깨부술 때, 아무런 저항이나 부정적인 반응 없이, 십자가의 죽음 앞에 자신을 완전히 떠맡길 수 있는 온유한 사람을 쓰신다. 《래리 크랩의 깨어진 꿈의 축복》이라는 책에 보면 "인생의 목표는 성공이 아닌, 깨지고 부서지는 것에 있다"라는 문장이 있다. 그렇게 깨지고 부서진 사람들은 "나는 할 수 없습니다. 그러나 주님은 하실 수 있습니다. 또 하실 것입니다. 그러므로 나는 순종합니다!"라는 절대적인 순종의 원리원칙으로 살아가게 된다.

하나님은 완전 쫄딱 망해서 모든 것을 다 잃어버리고, 오직 주님한 분만 남은 사람을 쓰신다. 하나님은 휘황찬란했던 커리어도, 거창했던 비전도, 원대한 계획들도 모두 다 산산조각이 나버린, 무소유, 무명예, 무능력, 무비전의 사람을 쓰시기 원하신다. 진정한 비전은 오늘 주님이 내게 하라고 하시는 일 외에는 어떤 것도 있을 수가 없다. 능력도 지금 이 순간 나를 통해 역사하시는 성령님의 능력 외에는 아무 필요가 없다고 할 수 있다. 또한 진정한 명예도 오직 하나님의 영광이 드러나는 일 외에는 아무것도 없어야 한다. 세례 요한은 "그는 흥하여야 하겠고 나는 쇠하여야 하리라"라고 말했는데,

그 말씀은 "나는 망해야 하고, 주님은 성공해야 한다"라는 뉘앙스를 내포하고 있다. '나'라는 존재가 망해서 없어지고 나면, 내 안에 내주하시는 주님이 그때부터 내 대신 일하시게 될 것이다. 즉 내 자신이 완전 박살나서 없어지고 나면, 그 깨어진 질그릇 같은 존재를 통해 주님이 자연적으로 흘러나와 그분의 영광을 드러내게 될 것이다.

결론적으로 주님은 내게 꼭 필요한 것만 남기시고, 나머지는 다 가져가기 원하신다. 그 작업을 위해 나는 실패라는 환경을 필연적으로 거쳐야만 한다. 만일 내게 덜 망한 게 있거나 아직도 망하지 않은 것이 남아 있다면 두려움이 있을 수 있다. 그러나 완전 쫄딱 망하고 나면 아무런 두려움도 있을 수가 없다. 더 이상 잃어버릴 것이 없기 때문이다! 영어로 K. I. S. S.라는 약자가 있는데, 그것은 "간단히 해, 이 바보야"(Keep it simple, stupid)라는 뜻이다. 주님은 실패를 통해 반강제적으로 내 삶의 환경을 정리해주셨다. 이제 당신은 한 걸음 더 나아가서, 스스로 삶의 주변 정리를 하도록 하라. 즉 과감하게 없앨 것을 없애고, 끊을 것을 끊고, 자를 것을 자르고, 버릴 것을 버리라.

미국에 마이클 몰튼이라는 사람이 아내를 살인한 혐의로 종신형을 선고받아 25년을 복역하고, 결국에는 DNA검사로 무혐의가 인정되어 풀려난 적이 있다. 그 일로 인해 그의 일생은 풍비박산이 나서 모든 것을 다 잃어버리고 말았다. 하지만 그는 감옥에서 주님을 영접하게 되었고, 새사람이 되어서 다음과 같은 간증을 하는 것을 들었다.

나는 이제 세 가지밖에 모릅니다. 하나, 하나님은 존재하십니다. 둘, 그분은 지혜로우시고 나보다 더 똑똑하십니다. 셋, 그분은 나를 사랑하십니다. 만일 당신이 이 세 가지를 알고 있다면, 도대체 무엇이 문제입니까?

맞는 말이다! 사실 우리에게 이 세 가지 외에 무엇이 더 필요하단 말인가? 정말 주님 한 분, 또 주님이 나를 사랑하신다는 사실 하나면 충분하다! 바울이 말한 대로 모든 것을 다 잃어버리고 오직 주님 한 분을 얻는 것! 또한 온 천하를 잃어버리고 영생을 얻는 것! 그것이 참 실패의 축복이라 할 수 있다.

아무것도 없어서 참으로 행복합니다

인생의 실패를 통해 모든 것을 다 잃고 나니, 이제는 정말 아무것도 부러운 것이 없다. 나에게는 더 좋은 집도 더 좋은 차도 더 좋은 사역도 명성도 성공도 아무것도 필요치 않다. 세상에 대한 아무 욕심도 원하는 것도 없다. 오히려 잘나가는 사람들을 보면, '저것은 다 허상과 망상이요, 날아가버릴 것들인데'라는 생각이 들어 아슬아슬하고 안타까운 마음이 앞선다. 솔로몬 왕은 사람들이 "한평생을 미친 개처럼 살다가 결국 저 세상으로 가고 만다"라고 한탄하고, 진리를 깨닫고 나니 인생살이의 희로애락이 결국은 다 미친 짓이요 헛된 수고였다고 결론짓는다.

　바울은 "서 있다고 생각하는 사람은 넘어지지 않도록 조심하십시오"라고 권면하는데, 세상과 성공의 유혹에 빠져 넘어지지 않도록 조심해야 한다. 성공이란 거기까지 가보고 가져보고 해봤다는 것 외에는 아무 다른 의미가 없다. 나는 평생에 하버드Harvard에 가서 공부를 해보는 것이 꿈이었지만 정작 대학원에 입학을 하고 나니 허무감이 몰려왔다. 좋은 집에 살아보고 싶은 마음이 굴뚝같았지만, 정작 비벌리힐스에서 일 년을 살아보고 나니 방이 크고 화장실이 더 많았다는 것 외에는 결국 사람 사는 것은 다 마찬가지였다. 대형교회를 이루고 싶은 야망에 불철주야 몸을 사리지 않고 뛰어봤지만, 정작 교회가 커지고 나니 오히려 작은 교회가 그리워졌다. 무엇이든지 정상에 오르고 나면 그것으로 끝이다. 그 이상은 오직 허무와 실망밖에 없다.

　하지만 이제 모든 것을 다 잃고 나니 참으로 행복하고 자유롭다! 성경에 보면, "나는 예수님 한 분과 십자가 외에는 아무것도 알지 않기로 결단했습니다!"라는 바울의 선언이 나온다. 진실로 당신은 예수님 한 분 외에는 아무것도 원치 않는다고 간증할 수 있겠는가? 정말로 예수 그리스도의 십자가 하나면 충분한가? 말씀을 보자.

　저 끝없고 두렵던 광야, 불뱀과 전갈이 우글거리고 물이 없어 타던 땅에서 너희 발길을 인도해주시며 차돌 바위에서 물이 터져 나오게 해주

시지 않았느냐? … 너희에게 시련을 주어 고생시키신 것도 너희가 훗날 잘되도록 하시려는 것이었다. [6]

또 다른 번역에 보면 "이는 다 너를 낮추시며 너를 시험하사 마침내 네게 복을 주려 하심이었느니라"라는 말씀이 있는데, 현재 혹독한 시련을 거치고 있다고 해서 좌절하거나 포기하지 말라. 당신에게 닥친 역경과 환란을 두려워하지 말라. 하나님께서 비록 지금은 당신을 낮추시고 시험하실는지 몰라도 마침내는 축복하실 것이다.

실패를 두려워 말라.
실패는 하나님의 축복과 은혜를 체험할 수 있는 최고의 기회이다.
하나님이 주시고자 하는 축복은 결코 세상적인 성공이 아니다.
당신이 바라고 원했던 육적인 번영도 아니다.
하나님은 당신에게 영원히 없어지지 않을
'하늘에 속한 모든 신령한 복'을 주시기 원하신다.
진정 위대한 실패는 위대한 축복을 낳게 한다.
이제 그 놀라운 실패의 축복을 기대하자!

8

실패의 기쁨

성경에 보면 예수께서 산상수훈을 통해 팔복八福, Beatitudes에 대해 말씀하시는데, 만일 그중에 하나를 더할 수 있다면 이런 말씀을 하지 않으셨을까 생각한다.

"실패한 자는 복이 있나니, 그들은 참 자유를 누릴 것이다!"

위대한 실패로 말미암아 헛된 야망과 망상으로부터 벗어나 해방을 얻을 때, 당신은 진정으로 자유로울 수 있다. 또한 쫄딱 망해서 모든 것을 잃어버릴 뿐 아니라, 당신의 자아가 완전히 깨지고 박살나서 십자가의 죽음을 거치게 되면, 당신의 삶 가운데 오직 주님 한 분만 남게 된다. 그것이 진정한 실패의 축복이다. 왜냐하면 주님 한 분이면 모든 것이 다 충분하기 때문이다.

더 나아가서 실패는 최종적인 것도 치명적인 것도 아니다. 실패하고 망했다고 세상이 끝난 것이 아니다. 그러므로 염려하거나 두려워하지 말라! 또한 기억하자. 당신이 스스로 하나님을 버리거나 떠나기 전에는 하나님은 절대 당신을 버리지 않으신다. 주님께서 말씀하신다. "내가 결단코 너를 떠나지 아니하고, 결단코 너를 버리지 아니하리라!"

실패로부터의 회복

이미 살펴본 대로, 주님은 완전히 망해서 밑창에 떨어진 인생의 제로 포인트에서 당신의 인생을 초기화하신다. 그런 식의 리셋reset이 없이는 새 출발이 불가능하기 때문이다. 뿐만 아니라 당신이 실패로부터 온전히 회복되기 전까지는 인생의 다음 단계, 즉 새로운 미래를 향해 나아갈 수 없다. 그러므로 실패가 위대한 실패, 축복된 실패가 되기 위해 몇 가지 필수적인 과정을 거쳐야 한다. 이제 하나하나 그 과정을 살펴보기로 하자.

첫째, 당신의 실패를 인정하라.

먼저 당신의 실패를 정당화하거나 핑계대지 말고 실패를 사실 그대로 받아들이고 인정하라. 당신의 실패를 조금도 변호하거나 포장하지 말고 액면 그대로 드러내라. 또한 다른 사람이나 환경을 탓하지 말라. 환경과 현실을 있는 그대로 수용하고 하나님의 절대적인 주권과 섭리 앞에 온전히 순복하라. 당신이 삶의 모든 영역에서 전부

다 실패했음을 인정하라. 당신의 존재 자체가 실패자임을 시인하라. 더불어 당신이 적당히 망한 정도가 아니라 완전히 쫄딱 망해서 바닥을 쳤음을 사람들 앞에 시인하고 주님 앞에 겸손히 나아오라.

둘째, 당신의 실패를 고백하고 회개하라.

당신의 실패를 사실 그대로 하나도 빠짐없이 또 숨김없이 고백하라. 바울은 "내가 전에는 하나님을 모독하고 성도들을 핍박하던 난폭한 사람이었다"는 자백과 함께, 자신이 '죄인의 괴수'임을 스스로 폭로하고 있다. 당신의 추악한 죄상과 자아의 병폐를 가차 없이 실토하라. 또한 도매금으로 하는 상투적인 회개가 아닌, 조목별로 (적어가면서) 구체적인 고백을 하라. 당신이 인생을 살면서 얼마나 많이 거짓말을 하고 도적질을 했으며, 또 어떻게 사람들을 시기하고 질투했는지, 얼마나 방탕하고 타락했었는지, 어떻게 거짓과 위선을 행했는지, 얼마나 많은 사람들을 미워하고 비방했는지, 어떻게 사람들에게 상처를 주고 해를 입혔는지, 얼마나 교만하고 완악했는지, 어떻게 행음하고 간음했는지 또한 얼마나 주님께 불순종하고 반항했는지 고백하고 회개하라.

더 나아가서 당신의 존재 자체가 실패자요, 죄인임을 주님께 고백하고 회개하라. 성경이 말씀하는 회개는 헬라어로 '메타노이아'^{Metanoia}라고 하는데, 그 단어는 '변화'^{Meta}라는 단어와 '마음'^{Noia}이라는 단어가 합쳐져서 나온 합성명사인데, 그 뜻은 '마음을 돌이키

다' 혹은 '마음을 부수고 다시 세운다'라는 의미를 내포하고 있다. 그러므로 회개란 단순히 자신의 실패나 죄를 뉘우치는 정도가 아닌, 자신이 존재적인 죄인임을 자각하고 죄악으로부터 완전히 돌이켜 떠나가는 것을 의미한다.

특별히 성경은 "우리가 우리 죄를 자백하면, 하나님은 신실하시고 의로우신 분이서서, 우리 죄를 용서하시고, 모든 불의에서 우리를 깨끗하게 해주실 것입니다"라고 위대한 약속과 격려의 말씀을 주고 있다. 이제 두려워 말고 주님께 우리의 모든 실패와 죄를 회개하고 사함을 얻도록 하자. 진정한 죄사함의 근거는 오직 참된 고백과 회개 안에 있다. 십자가 앞에 나아가 주님의 보혈로 씻김을 얻으라.

셋째, 당신의 실패를 십자가에 못 박으라.

당신의 모든 실패와 죄를 십자가 앞으로 갖고 나아가라. 더불어 죄와 실패로 똘똘 뭉쳐 있는 당신의 존재 자체를 (마치 제단 위에 제물을 올려놓듯이) 십자가 앞에 완전히 항복하여 떠맡기라. 바울은 "그리스도 예수께 속한 사람은 정욕과 욕망과 함께 자기의 육체를 십자가에 못 박았습니다"라고 선언한다. 이 말씀과 같이 주님은 당신의 실패와 죄악 그리고 실패할 수밖에 없게 만드는 당신의 타락한 존재와 병든 자아를 십자가에 못 박아 죽이기 원하신다. 더 나아가서 바울은 "나는 그리스도와 함께 십자가에 달려 죽었습니다"라고 충격적인 선언을 하는데, 그 말씀의 시제는 현재완료형이다. 즉 하나님은 십자가 앞으로 나아온 당신을 지금 현재 예수와 함께 십자가에 못 박아 죽이기 원하신다. 물론 예수님은 2000년 전에 십자가에 못 박혀 죽으셨다. 하지만 하나님께는 과거도 현재도 미래도 없다. 하나님은 모든 시간의 한계를 초월해서 영원한 현재로 자존하시는 무소부재하신 전능자이시다. 그러므로 하나님께서는 (시간과 공간을 초월해서) 지금 현재 당신과 당신의 모든 죄를 현재완료형으로 예수님이 달려 죽으신 골고다 십자가에 함께 못 박아 처리해주신다.

바울이 선언한 말씀 그대로 이제 당신의 모든 실패는 '십자가에 못 박혔다.' 또한 실패할 수밖에 없는 당신의 고질적인 존재도 '십자가에 달려 죽었다.' 이것은 인간의 두뇌와 이성으로는 도저히 이해할 수 없는 신비의 역사이다. 하지만 동시에 영원히 불변하는 진리요 사실이다. 진리는 이해하는 것이 아니라 깨닫고 믿는 것이다. 이제 이 놀라운 진리의 말씀을 믿고 받아들여 영적인 실체를 체험하도록 하자.

〈드라큘라〉라는 영화에 보면, 관 속에서 자고 있는 드라큘라의 심장에 말뚝을 박아 죽여버리는 끔찍한 장면이 나온다. 예수전도단 YWAM의 부르스 탐슨 박사는 흉측한 괴물로 전락해버린 자아의 심장에 십자가라는 진리의 말뚝을 박아 가차없이 죽여버리라고 권면한다. '고물'은 폐기처분하고, '괴물'은 죽여야 한다. 이제 그 추악한 자아라는 '괴물'과 완전히 찌그러져 쓸데없는 '고물'덩어리가 되어버린 '나'라는 존재를 골고다라는 장소로 끌고 가서, 영원히 끝장내버리도록 하자. 골고다 십자가상에서 실패하고 죄를 지을 수밖에 없는 우리의 절망적인 존재가 끝장이 났다. 또한 거기서 우리의 모든 실패도 야망도 망상도 고통도 저주도 매장되어 영원히 폐기처분되었다. 이미 결론내린 대로, 만일 우리의 모든 실패가 오직 십자가로 끝날 수 있다면, 그것이 곧 위대한 실패인 것이다.

넷째, 대가 지불을 하라.

하나님께서는 예수님의 보혈의 공로로 말미암아 우리의 모든 실패와 죄를 사해주셨다. 또한 십자가의 역사를 통해 끊임없이 실패하고 죄를 지을 수밖에 없는 '나'라는 무익한 존재마저도 처리해주셨다. 이러한 모든 일들은 분명 영적 실재요, 사실이었다. 하지만 육신을 입고 이 땅에 살고 있는 인간에게는 현실이라는 또 다른 실재가 존재하고 있다. 비록 우리의 모든 문제가 영적인 실재 안에서는 다 해결되었다 할지라도 현실이라는 세계 안에서는 치러야 할 대가가 남아 있을 수 있다는 말이다.

그러므로 당신이 저지른 죄나 실패에 대해 응당한 대가를 지불하라. 물론 그렇다고 해서 인과응보론에 매여, 죽을 때까지 대가 지불만 하다가 인생을 끝내라는 말은 아니다. 다만 당신이 감당할 수 있고 또 해결할 수 있는 문제들이 있다면 분명히 정산하라는 뜻이다.

다섯째, 당신의 실패를 다 훌훌 털어버리라.

당신의 생애를 통해 체험한 모든 실패를 다 잊어버리고 극복하기란 결코 쉬운 일이 아니라는 것을 안다. 그러나 당신이 진정한 십자가의 죽음을 거칠 때 그 일이 가능해진다. 십자가는 모든 것을 초토화시킬 뿐 아니라 동시에 초기화시켜준다. 그러므로 십자가를 통과할 때, 당신의 모든 과거가 (영적 관점에서) 정산되고 말살된다.

그러므로 더는 과거에 집착하지 말고 후회하지도 말라. 잘나갔던 시절을 추억하며 자기연민에 빠져 지금 이 순간을 놓치지 말라. 왕년을 운운하지 말라. 지금 현재가 중요하다. 서운한 마음도 미련도 품지 말라. 고통도 상처도 쓴뿌리도 원망도 다 훌훌 털어버리라. 다 시간낭비이고 에너지낭비며 부질없는 일이다. 그러므로 바울은 '내가 모든 과거를 잊어버리고, 오직 앞을 향해 달려간다'고 말씀한다. 모든 것을 뒤로하고 훌훌 털어버리라. 주님은 헌 가죽부대에 새 포도주를 넣을 수 없다. 이제 주님이 당신에게 새 포도주를 부어주기 원하신다. 그러므로 모든 것을 비우고 새것을 넣을 준비를 하라. 모든 것들을 비우고 버리고 포기하고 내려놓고 그 자리에 주님을 모시도록 하자.

여섯째, 미래를 향해 떠나라.

이제 당신의 삶의 한 챕터^{Chapter}가 막을 내렸다. 그것이 비극이었든 희극이었든 한 장이 끝났다. 이제 뒤돌아보지 말고 미래를 향해 새로운 인생의 여행을 떠나라. 그리고 이것이 "세상의 끝이 아니다"라는 사실을 기억하라. 또한 당신만 실패한 것이 아님을 기억하라. 쓸데없는 신세타령이나 자기연민에 빠져 금 같은 시간을 낭비하지 말라. 쫄딱 망했다고 좌절하지 말고, 죽을 것 같다고 엄살 부리지도 말라. 사실 신세타령도 아직 배가 부르고, 덜 급해서 하는 것이다. 자기연민이나 우울감마저도 괴물 같은 자아의 장난일 수 있다.

당신이 아무리 완전 망했다 해도 성경에 나타난 욥에 비하면 아무것도 아니라는 사실을 기억하라. 욥은 하루아침에 열 자녀를 불의의 사고로 모두 잃어버렸고 (현대 가치로 환산했을 때 수천억 원이 넘는) 전 재산을 날려버렸으며, 원인 모를 악창이 온몸에 번져 피가 줄줄 흐를 정도로 몸을 기왓장으로 긁어대며 오랜 기간 동안 노숙자 생활을 했다. 하지만 결국에는 하나님이 그를 회복시켜주시지 않았던가? 그러므로 어려울 때마다 욥을 기억하며 고난을 이기라. 현재 당신이 아무리 열악한 상황에 놓여 있다 할지라도 욥보다는 백 배 낫다는 사실을 기억하고, 오히려 주님께 감사하라. 또한 당신이 아무리 힘들고 어렵다 해도 (미국이나 한국에 사는 사람들은) 전 세계에 살고 있는 약 20억 명에 달하는 극빈층 인구에 비하면, 아직도 양호한 생활수준권 안에 있다는 사실을 기억하라.

그러므로 실패했다고 그 자리에 주저앉아 신세한탄만 하지 말고, 자리를 박차고 일어나 미래를 향해 떠나라. 성경에 보면 예수님의 비유 가운데 탕자의 이야기가 나오는데, 그 이야기의 주인공은 미리

물려받은 아버지의 유산을 먼 나라에 가서 온갖 타락과 방탕한 일에 다 탕진해버리고, 결국에는 알거지가 되어서 돼지를 치는 막일을 하며 연명하게 된다. 문자 그대로 완전히 쫄딱 망한 것이다. 하지만 영어 성경(NIV)에 보면, "그가 정신을 차리고… 일어나 아버지께로 가니라"(He came to his senses… So he got up and went to his father)라는 말이 나온다. 그는 결국 아버지 집에 돌아가 완전히 새로운 삶을 살게 된다. 그러므로 이제 정신을 차리고 일어나서 미래를 향해 나아가라.

일곱째, 새 출발을 하라.

얼마 전에 미국의 어떤 정신학자가 빌리 그레이엄 목사님의 설교를 분석해서 발표한 적이 있다. 그분의 평가에 의하면 빌리 그레이엄 목사님의 설교 안에서 (단순하다는 것 외에는) 전혀 특별나거나 탁월한 점을 발견하지 못했다고 한다. 다만 한 가지 놀라운 특징이 있다면 그것은 곧 그의 모든 설교가 "하나님은 당신을 위해 위대한 미래를 준비해두셨습니다"(God has prepared a great future for you)라는 선언으로 끝난다는 것이다. 참으로 놀라운 말씀이다. 하나님은 분명 우리에게 두 번째 (아니 셀 수 없을 만큼 많은) 기회를 주시는 것뿐 아니라 또한 놀라운 미래를 준비해두셨다.

성경에 보면 온갖 우상숭배와 범죄의 결과로 말미암아 쫄딱 망해서 나라를 잃어버리고 수천 리 먼 타국에서 노예 생활을 하고 있는 이스라엘 민족을 향해 하나님은 "나는 너희에게 나쁘게 하여 주지 않고 잘하여 주려고 뜻을 세웠다. 밝은 앞날이 너희를 기다리고 있다"라고 격려의 말씀을 전하신다. 하나님께서는 이제 당신의 실패를 십자가를 통해 완전히 초기화시키시고, 새 출발의 기회를 주신다. 영어에 "백지로 돌아가 새 출발을 하다"(Start with a clean slate)라는 표현이 있는데, 주님은 우리에게 그 백지장을 허락하사 인생의 새 장을 쓰게 하신다. 영어 속담에 "모든 성인聖人은 과거가 있고, 모든 죄인은 미래가 있다"(Every saint has a past, and every sinner has a future)라는 말이 있다. 학업에 실패했는가? 염려하지 말고 새 출발하라. 가정에 실패했는가? 사업에 실패했는가? 사역에 실패했는가? 좌절하지 말고 새 출발하라. 아직 절대로 늦지 않았다. 당신이 늦었다고 생각할 바로 그때가 절호의 시기요, 기회이다. 이제 모든 것을 뒤로하고 새 출발을 하라.

"나도 너를 정죄치 아니하노라."

성경에 나와 있는 모든 실화 가운데 가장 참담한 예가 바로 간음을 하다가 현장에서 들통이 나버린 여인의 이야기일 것이다. 그 여인은 현장에서 검거되어 몸도 제대로 못 가리고, 동네 사람들에게 머리채가 잡힌 채 질질 끌려 예수님 앞에 나아온다. 정말 상상만 해도 소름이 끼칠 정도로 끔찍하고 수치스러운 장면이다. 하지만 어느덧 모든 구경꾼들과 돌을 든 자들이 하나둘씩 떠나가고, 결국에는 예수님과 여인만이 홀로 남아 대화를 하게 된다. 그때 주님은 그 여인을 향해 "나도 너를 정죄치 아니하노라. 가서, 다시는 죄짓지 말라"라는 두 마디 말씀을 하시고 그 여인을 보내주신다. 오늘 우리에게 꼭 필요한 말씀이 바로 그 두 마디 말씀이라고 본다.

주님은 나의 모든 죄상과 실패를 익히 알고 계신다. 하지만 "나도 너를 정죄치 아니하노라"라고 말씀하신다. 이 말씀은 주님이 나의 죄나 실패를 묵인하시거나 상관하지 않으신다는 뜻이 아니다. 다만 주님은 나를 정죄하러 오신 것이 아니라 오히려 용서하고 구원하러 오신 것이다. 또 주님은 나의 죄를 속량하기 위해 십자가에 못 박혀 죽으시려고 이 땅에 오셨다. 그러므로 온 세상에 나에게 그 말을 하실 수 있는 분은 오직 예수님 한 분밖에 없다. 왜냐하면 온 인류 가운데 오직 주님만이 나를 위해 죽으셨기 때문이다. 다시 한 번 기억하자. 주님은 당신을 정죄하거나 심판하려는 것이 아니라 용서하고 구원하기 원하신다.

"가서 다시는 죄짓지 말라"(Go, and sin no more).

주님은 그 여인에게 가라고 명하시며 다시는 죄를 짓지 말라고 말씀하신다. 우리는 이제 모든 과거와 실패를 뒤로하고 새 출발을 해야 한다. 백지장을 갖고 새 출발을 하는 우리에게 주님은 말씀하신다. "다시는 죄짓지 말라." 우리는 간혹 "그 여인은 과연 주님의 말씀대로 죄를 짓지 않았을까"라는 질문을 하게 된다. 물론 정답은 주님만 아시겠지만, 추측하기는 그 여인은 절대 쉽게 죄를 짓지 않았을 것이다. 왜냐하면 너무나 혹독한 대가 지불을 했고, 너무나 커다란 긍휼과 용서를 받았기 때문이다. 사실 그 시대의 법대로 하면 그 여인은 마땅히 돌에 맞아 죽었어야만 했다. 하지만 주님은 그 여인의 생명을 구해주셨을 뿐만 아니라 그에게 두 번째 인생의 기회를 허락해주셨다. 만일 당신의 생명의 은인이 신신당부를 한다면 당신은 그의 청을 들어주겠는가? 물론 들어줄 것이다. 하물며 주님은 우리의 모든 실패와 죄를 용서해주시고, 우리를 영원한 멸망으로부터 건져내사 영생과 구원을 값없이 허락해주셨다. 당신은 당신을 구원한 구세주의 말씀을 듣겠는가? 당연히 들을 수밖에 없고 또 들어야 한다.

이제 새 출발을 하는 당신에게 주님은 동일한 말씀을 주길 원하신다. "가서 다시는 죄짓지 말라." 물론 누구도 미래를 장담할 수는 없다. 즉 우리가 앞으로 어떠한 실패를 하며, 또 어떠한 죄를 범하는지 누구도 알 길이 없다. 하지만 당신이 만일 주님께 그러한 은혜를 입었다면, 당신은 절대 쉽게 죄를 짓지 못할 것이다. 성경에 보면 많이 사함받은 자가 많이 사랑한다는 말씀이 있다. 우리가 그토록 큰 은혜와 사랑을 입었다면 주님을 사랑하고 주의 말씀을 따라 사는 것은 당연한 일이다. 이제 주님의 말씀을 받아 다시는 육신의 종노릇하지 말고, 죄의 종노릇하지 말고, 정욕과 욕심의 종노릇하지 말고, 사탄의 종노릇하지 말고, 가서 다시는 죄를 짓지 말라.

가장 행복한 사람

나는 2004년에 《The Joy of Failure실패의 기쁨》라는 책을 제목이 좋아서 사기는 했지만 '실패가 어떻게 기쁨이 될 수 있는가'라는 회의가 생겨서 책을 읽지는 않았다. 하지만 지금은 조금 이해가 된다. 아니 어쩌면 100퍼센트 동의할 수 있을 것 같다. 왜냐하면 나 스스로가 그 실패의 기쁨을 실제로 맛보았기 때문이다.

이미 살펴본 대로, 간음 중에 잡힌 여인은 참혹한 실패를 했다. 시쳇말로 완전 재수 없게 딱 걸리고 만 것이다. 하지만 어떻게 보면 그 여인은 가장 행복한 사람이었다고 할 수 있다. 왜냐하면 그는 처절한 실패로 인해 예수님을 만났기 때문이다. 뿐만 아니라, 그 여인은 예수님을 만남으로 위대한 죄사함과 구원을 체험하게 되었다. 그러므로 누구든지 실패를 통해 예수님을 만나 죄사함을 얻고 구원의 축복을 얻는다면, 그가 어떠한 실패를 했고 어떠한 수모를 당했든지 간에 상관없이, 가장 행복하고 복 받은 사람이라고 할 수 있다. 그와 같이 우리도 빨리빨리 딱 걸려야 하고 바닥을 치고 완전 쫄딱 망해서 예수님 앞에 나와야 한다.

결론을 내리자면 누구든지 완전 쫄딱 망해서 더는 망할 것이 없고, 모든 것을 다 잃어버려서 더 잃을 것이 없고, 모든 먼지가 다 털려서 더 나올 먼지가 없고, 또한 모든 것이 다 죽어서 더 죽을 것이 없을 만큼 완전히 십자가의 죽음을 거쳤다면 그것이 바로 진정한 실패의 기쁨인 것이다. 즉 이 세상에서 가장 행복한 사람은 망한 사람이요, 다 잃어버린 사람이요, 깨지고 박살이 나서 죽어버린 사람이라는 뜻이다. 다만 누구든지 진정한 실패의 기쁨을 누리려면 적당히 망하지 말고 완전 쫄딱 망해서 문자 그대로 위대한 실패Epic Fail를 체험해야 한다. 또한 적당히 죽지 말고 고물 같은 존재와 괴물 같은 자아가 예수님과 함께 십자가에 못 박혀 완전히 죽어야 한다.

다시 한 번 외치고 싶다.
실패를 두려워 말라!
망하기를 꺼리지 말라!
십자가에 못 박혀 죽기를 주저하지 말라!
위대한 실패의 기쁨이 당신을 기다리고 있다!

참 소망

"Hope is a dangerous thing"(소망은 무서운 것입니다).

이 말은 영화 〈쇼생크 탈출〉에 나오는 대사이다. 주인공 앤디 듀 프레인은 무고하게 종신형을 선고받고 쇼생크 감옥에 갇혀 혹독한 복역 생활을 한다. 하지만 20년이라는 긴 세월 동안 소망을 잃지 않고, 작은 조각용 망치 하나로 터널을 뚫어 결국에는 감옥을 탈출해서 새 생활을 시작한다. 실패한 사람들이 스스로 인생을 포기하고 좌절하는 이유는, 삶 자체가 힘들어서가 아니라 소망이 없기 때문이라고 한다. 또한 소망이 없이 사는 것은 사실 살아 있지만 죽은 것과 마찬가지라고 할 수 있다.

기독교인의 신앙여정을 묘사한 존 번연의 소설 《천로역정》을 읽다 보면, 주인공 '크리스천'이 천성문을 향해 여행하는 동안 '전도자, 믿음, 인내, 경건, 은혜' 등 수많은 신앙의 동지들을 만나서 도움을 얻는다. 하지만 중도에 다 떨어져 나가고, 마지막 순간까지 남아 있던 친구는 '소망'이었다. 성경에 보면 "그런즉 믿음, 소망, 사랑, 이 세 가지는 항상 있을 것인데…"라고 한다.

많은 이들이 믿음과 사랑은 강조하지만, 소망에 대해서는 거의 말하지 않는다. 하지만 성경은 분명 '믿음, 소망, 사랑, 이 세 가지'라고 말씀한다. 즉 신망애信望愛는 서로 떼어놓을 수없는 삼위일체적인 삼각관계를 이루고 있다. 하나하나도 중요하지만 세 가지가 합쳐져 하나를 이룰 때, 진수가 나온다. 믿음이 없이는 소망이 있을 수 없고, 소망이 없이는 사랑이 있을 수 없다. 또한 소망이 없이는 믿음도 생겨날 수 없다. 참 소망은 내가 하나님께 완전 항복하여 전능자의 위대하신 팔에 내 전부를 완전히 떠맡길 때 얻을 수 있다. 더 나아가서 참 소망이란 미래에 대한 막연한 기대 정도가 아닌 나의 일생뿐만 아니라, 내가 처한 삶의 모든 환경을 섭리하시는 하나님의 절대적인 주권에 대한 전폭적인 신뢰와 믿음의 행사요, 더불어 모든 일을 합력하여 선을 이루시는 하나님의 위대한 경륜과 신실하신 사랑에 대한 적극적인 반응이라고 할 수 있다.

오늘날 현대인들은 I. Q. 지능지수 또는 E. Q. 감정지수에는 관심이 많지만, H. Q. Hope Quotient, 소망지수에는 별로 관심이 없다. 한마디로 다들 죽지 못해 사는 것이지, 참 소망과 기쁨으로 사는 사람들은 거의 없다. 사실 행복지수가 올라간다고 해서 소망지수가 올라가는 것은 아니다. H.Q.를 올리려면 오직 믿음, 소망, 사랑을 우리의 삶 안에 풍성케 하는 방법밖에 없다.

산 소망

또한 한 가지 기억해야 할 것은 소망이 다 참 소망이 아니라는 사실이다. 성경에는 '산 소망'이라는 단어가 나오는데, 그 말은 반대로 죽은 소망도 있다는 것을 암시하고 있다. 즉 세상에는 산 소망과 죽은 소망이 있는데, 죽은 소망이란 세상적인 허황된 꿈과 헛된 야망을 의미한다. 그와는 대조적으로 산 소망이란 흔들리지 않는, 그 무엇으로도 무너뜨릴 수 없는 영원한 희망을 의미한다. 그러므로 산 소망은 영원히 없어지지 않을 참 실재를 근거로 해야 한다.

성경은 "예수 그리스도가 부활하심으로 말미암아 우리로 하여금 산 소망을 갖게 해주셨으며…"라고 말씀하고 있다. 십자가의 역사는 죽음과 부활이라는 두 가지 측면을 동시에 내포하고 있다. 만일 이제껏 우리가 살펴본 실패가 십자가의 죽음과 연관되어 있다면, 이제 소망은 부활과 직결되어 있다고 볼 수 있다. 즉 모든 실패가 십자가로 끝장이 나야 한다면, 실패로부터의 회복은 부활과 소망을 근거로 해야 한다는 뜻이다. 산 소망과 참 소망은 오직 예수님의 부활이라는 영불변하는 사실로 말미암는다.

성경 다른 곳에 보면 이런 말씀이 있다.

우리는 이 소망으로 구원을 얻었습니다. 눈에 보이는 소망은 소망이 아닙니다. 보이는 것을 누가 바라겠습니까? 그러나 우리가 보이지 않는 것을 바라면, 참으면서 기다려야 합니다.[1]

이미 살펴본 대로 시간과 공간으로 이루어져 있는 물질세계 안에서 눈에 보이는 것들은 단 하나도 참 실재가 없다. 그런 것들은 전부다 사이버 공간Cyber Space과 같은 허상에 불과하고, 결국에는 다 없어져 사라지고 만다. 그러나 보이지 않는 영적 세계는 없어지지 않는 영원한 실재이다. 그러므로 우리는 그 영원한 실재에 소망을 두고 살아가야 한다. 그것이 진정 산 소망이요, 참 소망이다.

"소망은 부끄럽지 않습니다"(Hope is not disappointing).

또한 바울은 "우리가 환난 중에도 즐거워하나니 이는 환난은 인내를, 인내는 연단을, 연단은 소망을 이루는 줄 앎이로다"라고 간증하고 있는데, 그 말씀과 같이 소망은 오직 환난과 인내 그리고 연단을 통해 이루어진다. 〈공자孔子〉라는 영화에 보면, 공자님이 위나라의 군부인郡夫人과 대화하는 가운데, "세상 사람들은 비록 당신의 고통을 이해할지는 몰라도, 그 고통을 통해 일궈낸 진주알 같은 진리는 깨닫지 못할 것입니다"라는 명대사가 나온다. 맞는 말이다. 사실 고통 자체가 중요한 것이 아니라, 고통을 통해 일궈낸 소망이라는 '진주알'이 더 중요하다. 토마스 머튼은 "적당히 성공하는 것보다 차라리 제대로 실패하는 것이 낫습니다"라는 말과 함께 "완전한 소망은 절대 좌절이라는 한계점에서 이루어지는 결정체입니다"라는 명언을 남겼다. 피터 드러커는 "포기하지 마라. 저 모퉁이만 돌면 소망이란 녀석이 기다리고 있을지도 모른다"라고 권면한다. 소망은 저절로 생겨나는 것이 아니라 오직 실패와 역경 그리고 십자가를 통해 이루어지는 성령의 열매인 것이다.

연이어 바울은 "소망이 우리를 부끄럽게 하지 아니함은…"이라고 간증하는데, 사실 더 좋은 번역은 "소망은 우리를 실망시키지 않습니다"라고 할 수 있다. 참 소망은 우리로 부끄럽지 않게 할 뿐만 아니라, 절대로 실망치 않게 할 것이다. 영어 번역에 보면 'Hope is unshakable' 즉 참 소망은 흔들리지도, 없어지지도, 빼앗을 수도 없는 반석과도 같은 것이라고 말씀한다. 이에 비해 세상에 소망을 두는 일은 마치 오 헨리의 소설 속 주인공 존시가 마지막 잎새 하나에 자신의 존재 전부를 걸어놓았던 것과 같이, 간당간당하고 아슬아슬한 일이라 할 수 있다. 그뿐이랴, 사실은 그 마지막 잎새마저도 비바람에 날아가버려서, 결국에는 베이먼 할아버지가 목숨을 바쳐 가짜 잎새 하나를 그려놓았어야만 했던 것이다. 그것이 곧 세상이 주는 거짓 소망의 실체이다. 그것은 마치 가지만 앙상히 남아 있는 죽은 나무에 가짜 이파리들을 더덕더덕 붙여놓은 것과 같다.

이에 비해 예수님의 부활이라는 영불변하는 진리를 근거로 한 산 소망은, 마치 거대한 숲을 바라보는 것과 같다. 무서운 폭풍이 몰아닥친다 해도 없어지지 않는 그런 숲 말이다. 성경에 보면 "우리에게는 이 소망이 있으니, 그것은 안전하고 확실한 영혼의 닻과 같아서…"라는 말씀이 있는데, 그와 같이 소망이란 거센 폭풍이 몰아치는 세상 가운데서 우리로 안전한 항구에 도달케 하는 내비게이션 역할을 하는 것이다. 시편에 보면 "주여 이제 내가 무엇을 바라리요 나의 소망은 주께 있나이다"라는 말씀이 있다. 오직 주님께 산 소망을 품으라. 당신은 절대 실망치 않을 것이다.

새 소망

이미 결론을 내린 대로, 진정한 실패의 기쁨이란 쫄딱 망하여 모든 것을 잃어버리고 십자가에 못 박혀 죽는 것이다. 그리고 오직 주님 한 분과 영원한 구원을 선물로 받는 것이다. 그러므로 모든 것을 다 잃어버렸다 해도 절대 좌절하지 말라. 포기하지 말고 오히려 새 소망을 품으라. 성경에 보면 "여러분이 당한 시험은 모든 사람들이 다 당하는 시험입니다. 하나님은 신실하신 분이시므로 여러분이 감당할 수 없는 시험당하는 것을 허락하지 않으시고 여러분이 시험을 당할 때에 피할 길을 마련해주셔서 감당할 수 있게 하실 것입니다"라는 말씀이 있다. 또 다른 곳에 보면 "참고 견딘 사람은 복되다고 우리는 생각합니다. 여러분은 욥이 어떻게 참고 견디었는지를 들었고, 또 주님께서 나중에 그에게 어떻게 하셨는지를 알고 있습니다. 주님은 가여워하시는 마음이 넘치고, 불쌍히 여기시는 마음이 크십니다"

라는 말씀이 있는데, 그와 같이 어려울 때마다 욥을 기억하고 새 소망을 품으라.

바울은 로마인들에게 "성령의 능력으로, 소망이 여러분에게 차고 넘치기를 바랍니다"라고 권면한다. 또한 다른 곳에 보면 "성령님의 인도를 받는 사람은 다 하나님의 아들들입니다"라는 말씀이 있는데, 우리 심령이 미래에 대한 아무 두려움이 없이 오직 새 소망으로 차고 넘칠 수 있는 유일한 근거는 성경의 약속대로 성령님이 우리와 함께하시고 또 인도하시기 때문이다. 실패를 통해 얻을 수 있는 최대의 축복은 곧 소망이다. 우리는 비록 모든 것을 다 잃었다 해도, 참 소망과 산 소망 그리고 새 소망을 얻게 되었다. 참 소망이란 하나님의 절대적인 섭리와 사랑에 대한 전폭적인 신뢰의 결과요, 산 소망이란 예수님의 부활에 대한 절대적인 믿음의 결과요, 새 소망이란 성령님의 인도하심에 대한 무조건적인 순종의 결과인 것이다.

"숨쉬는 사람마다 주님을 찬양하여라."

소망과 더불어 내게 주신 것들로 인해 하나님께 감사하고 찬양하라. 모든 것을 다 잃었다 해도 만일 당신에게 사랑하는 가족이 남아 있다면 그것으로 인해 하나님께 감사하라. 만일 가족마저도 잃어버렸다면 건강을 주신 하나님을 찬양하라. 그리고 만일 그것도 아니라면 그냥 살아 있다는 사실, 그 자체만으로 하나님을 찬양하라. 살아 있기만 하면 된다. 솔로몬 왕은 "살아 있는 사람에게는, 누구나 희망이 있다. 비록 개라고 하더라도, 살아 있으면 죽은 사자보다 낫다"라고 한다. 살아 있기만 하면 무엇이든지 가능하다. 연이어 "살아 있는 사람은, 자기가 죽을 것을 안다. 그러나 죽은 사람은 아무것도 모른다. 죽은 사람에게는 더 이상의 보상이 없다"라는 말씀이 있는데, 망자^{亡者}는 말이 없다. 또한 망자에게는 어떤 소망도 있을 수가 없다. 하지만 활자^{活者}에게는 무엇이든지 가능하다. 살아 있기 때문이다. 쫄딱 망해서 모든 것을 다 잃어버렸다 해도, 건강하게 살아 있으면 됐지, 무엇을 더 바라겠는가?

얼마 전에 연로하신 어머니를 모시고 있는 목사님 한 분이 "어머니가 지금 돌아가시면 천국에 가시는데, 왜 우리 어머니를 안 데려가세요?"라고 주님께 불평했더니, 주님께서 "살아 있는 것도 사명이다"라는 놀라운 말씀을 하셨다고 한다. 맞는 말씀이다. 현재 당신이 살아 있다는 것 자체가 분명 하나님의 뜻이요 사명이라고 할 수 있다. 이 땅에 보내주신 사명을 다 이루기 전까지는 누구도 죽지 않는다.

하와이에서 양로원 사역을 할 때, 숨이 꼴딱꼴딱 넘어가는 할머니에게 "숨을 쉬세요, 숨!" 했더니, "숨이 쉬어져야 쉬지" 하시면서 마지막 숨을 거뒀던 기억이 난다. 하나님의 뜻이 아니면 나는 숨 한 번도 제대로 쉴 수가 없다. 그러므로 지금 이 순간에 내가 살아서 숨을 쉬고 있다면, 그것은 분명 하나님의 뜻이요, 은혜의 결과다. 그냥 살아 있다는 사실 하나만으로도 하나님께 감사할 조건이 충분하다는 뜻이다. 총 150편에 달하는 시편의 모든 말씀을 총정리하는 말씀이 시편의 맨 마지막 편, 마지막 절에 기록되어 있다. "숨쉬는 사람마다 주님을 찬양하여라"라는 위대한 선언이다. 그 말씀대로라면 당신은 응당 하나님을 찬양해야 한다. 당신의 존재 목적의 최우선은 하나님께 영광을 돌리고 찬양하는 데 있다. 만일 그것이 아니라면, 사실 우리는 이 땅에 존재해야 할 아무 가치가 없는 실패자들이요, 무용지물에 불과하다. 그러므로 이제 '청승' 그만 떨고, 모든 부정적인 사고와 불신의 마음을 떨쳐버리고, '빨딱' 일어나 하나님을 찬양하라.

현재現在의 도道

전도자가 연이어 말씀한다. "빛은 실로 아름다운 것이라 (살아서) 눈으로 해를 보는 것이 즐거운 일이로다."[2] 진리의 말씀이다. 살아서 빛을 본다는 것이 얼마나 놀랍고 감사한 일인가? 밤하늘의 달과 별들을 볼 수 있다는 것이 얼마나 놀라운 축복인가? 하나님의 뜻이 아니면 숨 한 번도 자기 마음대로 쉴 수가 없다. 그러므로 신선한 공기를 들이마시고, 하나님이 만드신 꽃을 바라보며 향기를 맡을 수 있게 해주신 주님의 은혜가 얼마나 놀라운가? 우리에게 맛을 볼 수 있는 혀를 주시고, 아름다운 음악을 들을 수 있는 귀를 만들어주신 주님의 은혜가 얼마나 위대한가? 또한 아름답고 사랑스러운 자녀들을 선물로 보내주셔서, 한없는 기쁨을 허락하신 주님의 은총이 얼마나 감사한 일인가? 이시형 박사는 매일 아침마다 프랑스 작가 쥘 르나르의 기도문을 외운다고 한다.

눈이 보인다. 귀가 즐겁다. 몸이 움직인다. 기분도 괜찮다. 고맙다.
인생은 참 아름답다.

쥘 르나르는 허약한 신체 때문에 평생 고생했지만, 매일 감사의
기도를 드렸다고 한다. 사실 우리의 삶 전부를 둘러봐도 다 감사의
조건들밖에 없다. 과거는 참담하고, 미래는 암담할 수 있다. 하지만
현재라는 지금 이 순간만큼은, 내가 살아서 숨을 쉬고 있다는 사실
과 더불어 내가 예수님을 믿어 하나님의 자녀가 되었다는 특권과 축
복, 그 자체만으로도 이미 완전하다고 할 수 있다.

우리는 한순간 한순간을 감사하는 마음으로 살아야 한다. 더 나
아가서 하나님이 주신 이 순간을 누리고 즐길 수 있어야 한다. 전도
자는 "좋은 때에는 기뻐하고, 어려운 때에는 생각하여라. 하나님은
좋은 때도 있게 하시고, 나쁜 때도 있게 하신다"라고 도를 말씀한
다. 고난이 오면 고난을 누리고 기쁨이 오면 기쁨을 즐기라. 고난과
슬픔도 천국에 가면 영원토록 사라져버릴 것들이다. 그것은 오직 이
세상을 사는 동안 하나님께서 우리에게 누리고 즐기라고 주신 선물
이요 특권이다.

나는 고통의 끝이라는 존재의 한계점에서 "이 고통은 내가 너에게
주는 선물이다"라는 주님의 음성을 들은 적이 있다. 즉 우리가 인생

을 살면서 체험하는 모든 악과 고통은, (하나님이 원하시면 언제든지 다 제거해버리실 수 있지만) 마치 어두움이 없이는 빛의 의미가 없듯이, 하나님께서 우리가 더욱더 영원한 천국과 주님을 갈망하도록 잠시 잠깐 동안만 허락하신 촉진제^{Stimulant}와 같은 것이라는 뜻이다. 그러므로 이 한 많은 세상에서 주님이 주시는 것만큼, 또한 영원한 세계에서 후회하지 않을 만큼, 끝까지 고난과 역경을 누리고 가라. 그것은 천국에 가면 찾고 구해도 얻을 수 없는 소중한 추억으로 남게 될 것이다. 영화 〈쿵푸 팬더〉에 이런 대사가 나온다.

"Yesterday is a history, tomorrow is a mystery, but today is a gift, that's why it's called a 'present'."(어제는 히스토리요, 내일은 미스터리입니다. 하지만 오늘은 선물입니다. 그래서 '프레젠트'라고 하는 것입니다.)

현재^{present}라는 지금 이 순간은 분명 하나님이 우리에게 주신 최고의 선물^{present}이라고 할 수 있다. 빌리 그레이엄 목사는 "하루씩 사세요. 오늘은 결국 당신이 어제 염려했던 내일에 불과합니다"라고 권면한다. 많은 사람들은 세상의 썩어질 것들과 없어질 것들에 온통 정신이 팔려서 현재라는 선물을 놓치고 살아간다. 현재란 잠깐 있다가 사라지는 찰나에 불과하지만, 시간의 개념으로 볼 때, 우주의 역사 가운데 단 한 번만 존재하는 소중한 순간이기도 하다. 그러므로 현재라는 한 찰나를 놓치면, 영원히 다시 있을 수 없는 한순간을 놓치고 마는 것이다.

성경에 보면, "하나님은 죽은 자의 하나님이 아니요 산 자의 하나님이시라"라는 말씀이 있는데, 그 말씀을 다른 각도에서 재번역하면, "하나님은 영원토록 '현재형'으로 살아 계십니다. 또한 하나님은 깨어 있어서 '현재'를 살아가는 산 사람들의 하나님이십니다"라고 할 수 있다. 즉 현재를 놓치고 살아가는 사람들은 현재에 살아 계신 하나님을 만날 수 없는 죽은 사람들이라는 뜻이다.

완전 쫄딱 망한 사람들에게는 (혹은 십자가를 통과한 사람들에게는) 모든 것이 다 날아가버렸기 때문에, 오직 현재 이 순간과 주님 한 분밖에는 아무것도 남아 있는 것이 없다. 그러나 소위 잘나가는 사람들은 분주한 스케줄 때문에, 눈코 뜰 새 없이 바빠서, 단 한순간도 제대로 정신을 차리고 살 만한 여유가 없다. 돈과 성공에 대한 망상으로 살아가는 사람들은 세상의 온갖 잡동사니와 썩은 쓰레기들을 긁어모으느라 혈안이 되어 있다. 육신의 정욕을 위해 사는 사람들은 세상이 주는 온갖 쾌락과 시끄러운 잡음으로 인해, 정신이 혼미케 되어 24시간을 무의식의 세계 속에서 살아가고 있다. 그런 사람들에게는 허상과 망상만 있을 뿐, 현재라는 실재가 존재할 수 없다. 현재를 놓치면 현재에 거하고 계신 하나님을 만날 수 없다. 즉 지금 이 순간과 찰나를 놓치면 영원을 놓칠 수 있다는 뜻이다. 더 나아가서, 지금 깨어 있어서 현재를 보지 못하면, 지금 이 시간 나에게 생명을 주신 하나님께 감사를 드릴 수도 없다.

하지만 하나님의 섭리에 절대 순복한 사람은, 지금 이 순간이 하나님의 선물이라는 사실과 동시에 그가 처한 모든 상황과 환경이 하나님의 뜻으로 말미암은 것이라는 진리를 자각하고 전폭적으로 현재에 충실할 수 있다. 즉 지금 깨어 있어서 현재에 집중할 수 있는 사람만이, 우리가 지금Now이라고 말하는 현재라는 순간Moment 안에서, 살아 계시고 역사하시는 하나님을 만날 수 있다.

안타깝게도 대부분의 사람들은 현재가 아닌 과거와 미래를 살아가고 있다. 모든 과거는 지나간 전설과 신화에 불과하고, 앞으로 다가올 미래는 (실제로 존재하고 있지 않기 때문에) 허상과 망상에 불과하다. 누구든지 현재에 머물러 있으면 어떠한 문제도 있을 수가 없다. 다만 많은 사람들은 현실이 너무나 힘겹다 보니, 자신의 삶 가운데 온갖 불필요한 드라마와 해프닝을 만들어낼 뿐만 아니라, 무의식중에 자신의 삶을 스스로 복잡하고 혼잡하게 조작해서, 어떻게 해서든지 현실을 도피해보려고 발버둥을 친다. 하지만 문제해결의 키Key는 과거의 전설과 미래의 망상으로부터 깨어나 현재, 지금 이 순간 나를 향하신 주님의 뜻을 발견해서, 그 한 가지 일에 충실하게 임하는 데 있다. 헨리 나우웬의 《여기 지금 우리와 함께 하시는 하나님Here and Now》이라는 책이 있는데, 그는 어떠한 환경과 현실이 주어졌든지 간에 그것이 주님의 일이든 세상의 일이든 상관없이, 전심으로 행하고 감사하라고 권면한다. 그러므로 이제 매 순간을 누리고 즐기도록 하자. 또한 살아서 숨을 쉬는 매 순간마다 하나님께 감사드리고 그의 놀라우신 은혜를 찬양하자.

이 또한 지나가리라

지금 당신의 현실이 아무리 고달프고 암담하다 할지라도, 불평하거나 좌절하지 말라. "모든 나쁜 일들은 결국 끝이 있다." 세상에 있는 일들이 아무리 힘겹고 불공평하다 할지라도 결국에는 없어질 것들이요, 다 지나갈 일들이다. 지금 이 순간이 아무리 고통스러울지라도 영원의 관점으로 보면 한순간이요, 찰나에 불과하다. 우주 안에 있는 모든 것들이 다 지나가듯이 고난의 순간마저도 결국에는 지나가고 말 것이다. 그것이 곧 하나님이 만들어놓으신 우주의 법도요, 원리인 것이다.

그러므로 고난을 피하려 하지 말고, 오히려 그것이 곧 지나갈 것이라 여기고, 욥과 같이 인내하라. 더불어 고통의 끝까지 가보라. 십자가를 통해 고난의 한계점을 뛰어넘고 나면, 그 어떠한 고통도 넉넉히 이겨내고 초월할 수 있는 '오래 참음'이라는 내성이 생겨나게 된다. 그것을 헬라어로는 '휴포모네'^{Hupomone}라고 하는데, 'Hupo'는 '밑'^{Under}이라는 뜻이고, 'Mone'는 '거하다 또는 남아 있다'^{Remain}는 의미를 내포하고 있다. 이제 오랫동안 고통 밑에서 인내할 수 있고, 또한 소망 가운데 견뎌낼 수 있는 '오래 참음'이라는 성령의 열매가 우리 안에 필요하다.

성경에 보면, "의로운 사람은 일곱 번 넘어져도 다시 일어나지만 악인은 단 한 번의 재앙으로도 쓰러지고 만다"라는 말씀이 있는데, 아무리 실패를 거듭했다 해도 결코 포기하거나 굴하지 않는, 문자 그대로 7전8기七順八起의 신앙이 우리에게 필요하다. 아프리카 초원에서 사슴이 살아날 수 있는 유일한 길은 으르렁거리는 숫사자를 향해 뛰는 것이라고 한다. 그러나 만일 그것이 무서워 반대방향으로 도망을 치다보면, 수풀 속에 숨어 있던 암사자에게 잡아먹히게 된다고 한다. 이제 더 이상 실패나 고난을 두려워 말라. 고통과 절망을 향해 돌진해서 정면으로 돌파하라.

옛날 중국 변방에 어떤 노인이 살고 있었는데, 어느 날 그 노인이 기르던 말이 달아났다. 동네 사람들이 찾아와서 위로하자 노인은 덤덤하게 "그럴 수도 있지요"라고 답했다. 그 후 얼마 지나지 않아 달아났던 말이 준마 한 필을 끌고 왔는데, 이번에도 소식을 들은 마을 사람들이 축하를 하러 노인을 찾아왔다. 하지만 그 노인은 아주 태연하게 "그럴 수도 있지요"라고 반응했다. 그런데 안타깝게도 또 며칠이 지나지 않아, 그의 아들이 그 준마를 타다가 떨어져 다리가 부러졌다. 또 동네 사람들이 우르르 몰려왔지만, 그 노인은 정색을 하고, "그럴 수도 있지요"라고 했다. 그 후 나라에 전쟁이 나서 젊은 이들이 다 전쟁터로 끌려갔지만, 그 노인의 아들은 다리 때문에 징병을 면하게 되었다. 이에 마을 사람들이 와서 축하를 했지만, 그때도 노인은 "그럴 수도 있지요"라고 덤덤하게 넘어갔다. 그것이 바로 인생살이이다. 즉 성공이 실패가 될 수 있고, 실패가 성공이 될 수 있다는 말이다. 그러므로 무슨 일이 일어났다고 해서 과민반응을 하거나 "호들갑"을 떨지 말고 오히려 "그럴 수도 있지요"라고 순순히 받아들이고 하나님의 섭리 앞에 순복할 때 전화위복의 역사가 일어나게 될 것이다.

성경도 그와 비슷한 이야기를 하고 있다. 하나님은 인간을 아름답고 완벽하게 창조하셨다. 하지만 온 인류는 하나님의 영광을 떠나 실패하고 죄를 짓고 만다. 이에 하나님은 그들을 구원하기 위해 당신의 아들을 이 땅에 보내시지만, 그들은 결국 그 아들마저도 십자가에 못 박아 죽이고 만다. 하지만 하나님께서는 그 십자가 죽음을 통해 부활이라는 기적을 일으키시고 온 인류의 구원을 완성하신다. 뿐만 아니라 구원받은 그분의 자녀들을 천국으로 초청하여 그곳에서 영원무궁토록 영생복락을 누리게 하신다. 즉 인간의 실패가 하나님의 위대한 성공을 만들어낸 것이다. 그것이 바로 우리가 흔히 말하는 '기쁜 소식'Good News인 것이다.

영원 무궁히 행복하게

우리는 "끝까지 가봐야 한다"는 말을 종종 쓰는데, 무엇이든지 최종 결국이 중요하다. 성경은 시작부터 끝까지 인간의 죄상으로 얼룩져 있다. 하지만 성경의 맨 마지막 구절은 "주 예수의 은혜가 모든 자들에게 있을지어다"로 막을 내리고 있다. 즉 인류의 역사는 천지창조로 시작해서 인간의 죄로 전체 내용을 꽉 채우고 있지만 결국은 예수님의 은혜로 마무리한다는 뜻이다. 인류의 역사가 아무리 죄와 실패로 뒤범벅이 되어 있다 할지라도, 결국 맨 마지막은 예수님의 은혜요, 영원한 천국으로 끝이 나는 것이다. 그러므로 성경은 모든 이야기 가운데 가장 위대한 해피엔딩 스토리이다. 영어로 "Happily ever after, Forever after"(영원 무궁히 행복하게)라는 표현이 있는데, 그것은 곧 성경으로부터 유래된 말인 것이다.

우리의 일생도 마찬가지라고 할 수 있다. 우리는 완전 쫄딱 망한 루저들이다. 하지만 비록 우리의 삶이 실패로 말미암아 완전 풍비박산이 나고, 우리의 존재가 죄로 말미암아 만신창이가 되었다 할지라도, 오직 예수님의 은혜로 우리의 일생을 마무리할 수 있다면, 그것은 결국 대성공이 될 수 있다. 성경은 "주 예수의 은혜가 모든 자들에게 있을지어다"라는 위대한 축원의 말씀과 더불어 "아멘"이라는 성도들의 화답으로 대단원의 막을 내린다. 이제 우리도 아멘으로 예수님의 은혜를 전폭적으로 받아들여서 해피엔딩으로 우리의 삶을 마무리짓도록 하자. 그것이 곧 진정한 기쁜 소식이요, 복음이다.

성경이 말씀하는 십자가 복음이란, 모든 것을 다 잃어버리고 완전 쫄딱 망해버린 실패자들과 지옥에 갈 수밖에 없는 죄인들에게 적용되는 기쁜 소식이다. 성공한 사람들이나 (자칭) 의인들에게는 복음이 기쁜 소식으로 들리지 않을 수 있다. 왜냐하면 그들에게는 예수님이 필요 없기 때문이다. 하지만 만일 내가 진정 죄인이라면, 나에게는 예수님의 십자가가 절대적으로 필요하다. 내 영혼이 구원을 받아야 하기 때문이다. 또한 내가 진정 실패자라면, 나는 예수님의 은혜가 절대적으로 필요하다. 왜냐하면 예수님의 은혜가 없는 나의 일생은 완전 '꽝'이요, 실패작이기 때문이다. 하지만 주님이 내 안에 구주로 오셔서 십자가의 보혈로 나의 죄를 사해주시고, 더 나아가서 십자가의 죽음과 부활의 역사로 나를 완전 새사람으로 거듭나게 해주신다면 나의 인생은 성공한 것이요, 또한 가장 위대한 해피엔딩 스토리가 되는 것이다.

자, 이제 대결론을 내려보기로 하자!
인생의 궁극적인 목적은 실패와 성공이 아니다.
하나님을 알고, 이 땅에 메시아로 오신
예수 그리스도를 믿고 구주로 영접하여,
물과 성령으로 거듭나 새사람이 되는 것이다.
그 이상도 그 이하도 없다.
남은 것은, 이 위대한 진리를 '받아들일 것인가, 말 것인가'이다.
오직 당신의 선택만이 남아 있을 뿐이다.
간절히 기도한다.
이 진리를 받아들여 예수님을 믿고 구원을 얻으라.
이제 모든 일의 결국을 다 들었다.
다시는 부질없는 인생살이에 목을 매지 말라.
이제 더는 성공을 위해 살지 말고,
'나'를 위해 살지 말고,

오직 하나님의 영광을 위하여 살라.

모든 실패와 과거를 뒤로하고, 예수님 안에서 새로운 삶을 살라.

참 소망과 산 소망과 새 소망으로 새 출발을 하라.

염려하지 말라. 하나님이 도우실 것이다.

겁내지 말라. 성령님이 함께하실 것이다.

두려워하지 말라. 예수님이 당신을 사랑하신다.

"하나님이 당신을 위해 위대한 미래를 준비해두셨다."

(God has prepared a great future for you.)

후주

프롤로그

1. 《Epic Fail》 by Gordon Dabbs, Leafwood Publishers (2013) 참조
2. www.murphys-laws.com
3. 전 1:14, 저자 역
4. 전 1:15, 저자 역
5. 전 2:11, 저자 역

1장

1. 전 7:29, 저자 역
2. www.literarydevices.net/hamartia 참조
3. http://www.ldolphin.org/pickett.html by Henry Morris 참조
4. 신 28:62-64, 66 개역개정

2장

1. 《Institutes of the Christian Religion》 by John Calvin, Eerdmans Publishing Co. (1975)
2. 시 102:26, 저자 역
3. 롬 8:19,20, 저자 역
4. 롬 8:21-23, 저자 역
5. 행 17:22-25 새번역
6. 행 17:26,27 새번역

3장

1. 《당신의 결혼은 안녕하십니까》(송상호 저, 유심 출판사) 참조
2. 욥 2:9 칠십인역 성경의 저자 역

4장

1. 빌 4:11,12 현대인의 성경
2. 요 6:28,29 새번역

3. 마 7:26,27 개역개정

4. 마 23:3,4 새번역

5. 막 7:20-23 개역개정

6. 롬 1:29-31 새번역

5장

1. 잠 5:3-5 새번역

2. 시 35:15 현대인의 성경

3. 시 35:19 새번역

4. 시 38:16 현대인의 성경

5. 시 35:25,26 새번역

6. 시 35:11,12 현대인의 성경

7. 시 41:5-8 공동번역

8. 시 109:2,3 새번역

9. 《The Joy of Pain: Schadenfreude and the Dark Side of Human Nature》 by Richard Smith,
   Oxford University Press(2013)

10. 잠 18:8 현대인의 성경

11. 요 7:24 공동번역

12. 요 8:43-45 공동번역

13. 마 18:15-17 공동번역

14. 2010년 7월 28일자, "교회에서 가장 무서운 '사람들'" 중에서

15. 요 12:25 새번역

6장

1. 시 22:6,7 공동번역

2. 시 109:25 새번역

3. 시 69:19,20 공동번역

4. 삼하 16:5-8 공동번역

5. 삼하 16:9 공동번역

6. 삼하 16:10-12 현대인의 성경

7. 사 49:14,15 새번역

8. 사 44:22 공동번역

9. 욥 6:2,3 공동번역

10. 욥 16:2 현대인의 성경

위대한 실패

초판 1쇄 발행	2016년 6월 20일
지은이	이현수
펴낸이	여진구
책임편집	2팀 ┃ 최지설, 김나연
편집	1팀 ┃ 이영주, 김수미 3팀 ┃ 안수경, 유혜림 4팀 ┃ 김아진
디자인	마영애 ┃ 이혜영, 노지현

기획홍보	김영하	해외저작권	김나은
마케팅	김상순, 강성민, 허병용, 이기쁨	마케팅지원	최영배, 이명희
제작	조영석, 정도봉	경영지원	김혜경, 김경희

이슬비전도학교   최경식, 전우순   303비전성경암송학교   박정숙, 정나영, 정은혜
303비전장학회 & 303비전꿈나무장학회   여운학

펴낸곳	규장

주소 06770 서울시 서초구 매헌로 16길 20(양재2동) 규장선교센터
전화 02)578-0003   팩스 02)578-7332
이메일 kyujang0691@gmail.com   홈페이지 www.kyujang.com
트위터 twitter.com/_kyujang   페이스북 facebook.com/kyujangbook
등록일 1978.8.14. 제1-22

ⓒ 저자와의 협약 아래 인지는 생략되었습니다.
이 출판물은 저작권법에 의해 보호를 받는 저작물이므로 무단 전재와 무단 복제를 할 수 없습니다.

책값 뒤표지에 있습니다.
ISBN 978-89-6097-454-8 03230

규 ┃ 장 ┃ 수 ┃ 칙

1. 기도로 기획하고 기도로 제작한다.
2. 오직 그리스도의 성품을 사모하는 독자가 원하고 필요로 하는 책만을 출판한다.
3. 한 활자 한 문장에 온 정성을 쏟는다.
4. 성실과 정확을 생명으로 삼고 일한다.
5. 긍정적이며 적극적인 신앙과 신행일치에의 안내자의 사명을 다한다.
6. 충고와 조언을 항상 감사로 경청한다.
7. 지상목표는 문서선교에 있다.

하나님을 사랑하는 자 곧 그의 뜻대로 부르심을 입은 자들에게는 모든 것이 合力하여 善을 이루느니라(롬 8:28)

규장은 문서를 통해 복음전파와 신앙교육에 주력하는 국제적 출판사들의
협의체인 복음주의출판협회(E.C.P.A:Evangelical Christian Publishers
Association)의 출판정신에 동참하는 회원(Associate Member)입니다.